# 特捜は「巨悪」を捕らえたか

## 地検特捜部長の極秘メモ

宗像紀夫

WAC

# プロローグ――リクルート事件以来の衝撃が走った日産ゴーン会長逮捕

## 東京地検特捜部のゴーン会長逮捕・起訴の衝撃

この一月で満七十七歳、「喜寿」となりました。だからというわけではありませんが、昨年（二〇一八年）後半から、これまでの私の検察官人生を総括するための本書の執筆に取りかかっていました。その矢先の十一月十九日、夕方のテレビのニュースで、カルロス・ゴーン日産自動車会長がビジネスジェット機で羽田空港に降り立った瞬間に、待ち構えていた東京地検特捜部に逮捕されたことが大きく報じられました。

ちなみに、東京地検特捜部が内偵捜査中の被疑者（容疑者）を帰国した直後の国内の空港で逮捕するというのは、いささか劇的というか動画的ではありますが、別に特異なケースではなく、過去にも脱税事件の被疑者などについて、そういうふうに入国するやいなや逮捕した前例はいくつもあります。

ゴーン氏とともにグレッグ・ケリー同社代表取締役も逮捕されました。これまで日産自動車の再建で辣腕《らつわん》を振るってきて、経営の神様のように思われていた人の逮捕に日本中、いや世界中が驚天動地に陥った感があります。

今回の特捜の逮捕劇に世間が驚いたのは、ゴーン氏が日産のトップの経営者として世界的にも著名な経済人であったこと、それからこの事件の捜査について、この時までに何の情報もマスコミに流れていなかったからです。言葉をかえれば、特捜部の捜査に関する情報の「保秘」が徹底され、ほぼ完璧に保たれたということです。マスコミ、メディアは完全に「してやられた」ということだったのです。

私の経験を踏まえていえば、特捜部が手がける独自捜査事件は、マスコミに「気付かれることなく」着手できれば、それで半分は成功したようなものと昔は先輩検事からよく言われたものです。

本書で詳述しますが、私が、東京地検特捜部副部長として担当した、いまからちょうど三十年前の一九八九年二月から三月にかけて、リクルートの江副浩正氏や、NTTの真藤恒会長などを相次いで逮捕したリクルート事件以来の衝撃といえるかもしれません。ゴーン氏はルノー、三菱自動車の会長もしており、また三つの国籍を持つということもあり、この逮捕・起訴は日本国内のみならず、世界的な関心を呼んでいます。

その後も連日、日本の新聞、テレビ、週刊誌のみならず、世界のマスメディアなどで大きく報じられ続けており、起訴以降、年が明けて二〇一九年になっても、その報道はますます過熱するばかりです。

## ゴーン氏逮捕の翌日、弁護人依頼の打診を受けた……

実は、この事件に関して、ゴーン氏逮捕の翌日に親しい法律家を通じて、同氏側から私に、ゴーン氏の弁護人を引き受けてもらえないかとの打診を受けました。私が元東京地検特捜部長の経験もあるということで、話が持ち込まれたものと思われましたが、しかし、この事件がグローバルな関心を持たれ、私自身が「内閣官房参与」という肩書を持つ身ということもあり、その申し出は丁重にお断りしました。しかし、この事件（有価証券報告書虚偽記載）については、法的にも、事実認定についても、いくつかの問題が指摘されていました。

だからというわけではありませんが、かつての私の部下でもあった、元東京地検の特捜部長の大鶴基成弁護士（函館地方検察庁検事正、東京地方検察庁次席検事、最高検察庁公判部長などを歴任して二〇一一年八月に退官）が、ゴーン氏の弁護人になりました。

東京地検特捜部が逮捕し起訴するゴーン氏の弁護人を、元東京地検特捜部部長の大鶴氏が引き受けて、これからは法廷で丁々発止の闘いが行なわれることになるかと思いきや、二〇一九年二月十三日になって、彼は突然辞任しました。新しく弘中淳一郎弁護士が就《つ》くことになりました。弘中氏は、本書の第五章でも触れますが、村木厚子氏（元厚生労働省局長）が関与したとされた郵便不正事件でも弁護人を務め無罪を勝ち取った「無罪請負人」と言われるスゴ腕の弁護士です。弘中弁護士の下、この裁判の行方がどうなるかは、今の時点では判断のしようがありません。

ともあれ、二人の逮捕容疑は、二〇一〇年度から一四年度の五年分の有価証券報告書にゴーン会長の実際の役員報酬が計約百億円だったのを、共謀して計約五十億円と偽って記載して関東財務局に提出したというものです。

昨年の十一月十九日、逮捕当日の夜に記者会見をした西川廣人《さいかわひろと》社長は、逮捕容疑以外に「私的目的での資金流用」「経費の不正使用」も把握しており、特捜部の捜査に協力していると説明しました。いわゆる「司法取引」をしていることを認めたわけです。

特捜部は、ゴーン会長の報酬の過少記載だけではなく、会社資金の私的流用などについても全容解明を進めていきました。

実際、ゴーン氏による不正が次々と報道されています。日産側が負担する形で購入した、ブラジル・リオデジャネイロ、レバノン・ベイルートなど海外の複数の住宅をゴーン会長が無償で利用していた疑いがあること、勤務実績のない自分の姉への支出などです。

この事件で、東京地検特捜部が久々に世間の耳目《じもく》を集めました。この事案は司法取引を適用したとされているものです。つまり、日産内部のゴーン氏の部下、あるいは日産の会社側と東京地検特捜部との間で、捜査に協力する代わりに刑事処分を軽くするという合意がなされているのではないかということです。そのことについて、報道から紹介しましょう。

【特捜部の聴取を受けた執行役員らは、ゴーン会長が海外の子会社や孫会社の資金を「私的」に使い、海外各地に高級な「自宅」を購入させたとみられる仕組みなどを説明した。

有価証券報告書の記載にあたっては「家賃相当額は報酬に入れないといけなかったが入れなかった」と申告。ゴーン会長の側近だった代表取締役グレッグ・ケリー容疑者(62)から指示を受け、秘密裏に経理操作したとされる経緯も、裏付け資料と共に明らかにした。こうしたからくりは会社内で「非常に限られた人間しか知らなかった」(検察幹部)という。

執行役員らはゴーン会長らの共犯に当たりうる関与があったが、特捜部は上級庁の東京高検検事長の指揮の下、刑事責任を軽くする司法取引の採用を決めた。罪名は、脱税、背任なども検討したが、金融商品取引法違反(有価証券報告書の虚偽記載)に着目した】(二〇一八年十一月二十一日(水)「朝日新聞」朝刊)

【日産自動車の会長だったカルロス・ゴーン容疑者（64）が約50億円の役員報酬を有価証券報告書に記載しなかったとして逮捕された事件で、この約50億円を退任後に受け取ることで日産と合意した文書は、秘書室で極秘に保管されていたことが、関係者への取材でわかった。東京地検特捜部は、文書作成に直接関与した秘書室幹部と司法取引し、将来の支払いを確定させた文書だという証言を得た模様だ】（二〇一八年十一月二十九日（木）「朝日新聞」朝刊）

ゴーン氏逮捕後、日産は昨年十一月二十二日に開いた取締役会で、ゴーン氏の会長職と代表取締役を解任しました。また、ゴーン氏とともに特捜部に逮捕されたグレッグ・ケリー氏についても代表取締役の解任を決めました。その後、フランスのルノーもゴーン氏の会長解任に踏み切りました。

一方、ゴーン氏とケリー氏は共に、容疑を全面的に否認したまま保釈を許されましたが、一貫して無実を主張しており、法廷でも真正面から争う姿勢を示しています。東京拘置所でのそういった取調べは録音、録画されていますが、この取調べの可視化に関しても、本書ではさまざまな事件を通じて、それが実現していった事例を取り上げていきます。

ゴーン氏という世界的に著名な経営者を逮捕する以上、東京地検特捜部は、誰しもが納得するような容疑、例えば、会社を私物化していたといった特別背任容疑などでの立件を目指していると、逮捕時から私は見ていましたが、その予想通り地検特捜部は二〇一九年一月に同罪で、追起訴しました。

しかし、世間では、地検特捜部の近年明るみになった先走った捜査や被疑者取調べにあたっての証拠ねつ造等々の事件が脳裏にあって、ゴーン氏の逮捕にも行き過ぎがあるのではないかと見る向きもあるかもしれません。

そのあたりは、時間の経緯と共に、いずれ真実の姿が明らかになってくるでしょう。

（尚、本書では、原則として文中では敬称を使います。逮捕された元犯罪者も登場しますが、多くは故人となったり、刑期を終えている方々ということを考慮してのことです）。

二〇一九（平成三十一）年三月

宗像紀夫

# 特捜は「巨悪」を捕らえたか

地検特捜部長の極秘メモ

◉目次

リクルート事件が報じられた時「私の体の中を電気が走った」
殖産住宅事件の最高裁判例が追い風になった
特捜部で事件担当をめぐり「軋轢《あつれき》」
捜査態勢のスタート――「事件が猛烈に面白くなってきた」
次々と大物を逮捕
真藤会長の秘書は小野田寛郎さんもびっくりの忠臣
江副氏は「しぶとい男」だった
「黙秘」する江副氏を自白に追い込んだ!
検事は江副氏を脅迫したのか?
「FIN」か「FINE」か、それが問題だ!
「北北西に進路を取れ」という映画を見ていなかった司法記者たち
なぜ、藤波孝生元官房長官が立件されたのか
なぜ中曽根元首相までたどり着けなかったか
中曽根氏に関しては江副氏の口が堅かった
宮澤前蔵相に江副氏から五千万円の裏金が送られていた

青木秘書自殺により竹下首相追及は頓挫
裁判後、江副氏から贈られてきたオペラチケット
藤波氏の立件・起訴は検察（私）の失敗作？
**リクルート事件の経過**

第三章

# 角栄裁判(ロッキード事件)は暗黒裁判に非ず

米国発の「ロッキード事件」
ロッキード事件では控訴審公判を担当
「角栄裁判」に於ける「嘱託尋問調査」をめぐる大論争
「嘱託尋問調書」なしで有罪に
なぜ特捜部はP3Cの捜査に動かなかったか
榎本三恵子氏の「ハチの一刺し」証言
ロッキードはトップまでやった
P3C本命説に対して……
堀田力氏の悔しさ

第四章 ダグラス・グラマン事件は、ロッキード事件の敵討ち 123



第五章 その後の地検特捜部に勇み足はなかったか 145

取材協力／荒井敏由紀
装幀／須川貴弘（ＷＡＣ装幀室）

第一章

# 地検特捜部は<br>あらゆる不正を見逃さない

## 「郵便不正事件」（村木事件）の衝撃

二〇一〇年九月二十一日の「朝日新聞」朝刊一面トップの見出しを見たとたん、私は驚きと衝撃で言葉を失いました。そこには、「検事、押収資料改ざんか」「郵便不正事件　FDデータ書き換え」とあったからです。証拠品のフロッピーディスクに保存されているデータの更新日時を、検察に都合のいい日付に変えたという話です。

そんな馬鹿なことはあり得るわけがないと思いましたが、天下の朝日新聞が一面で大きく取り上げているのですから、根も葉もないことではないと思いました。もし報じられたことが事実ならば、検察は未曾有の危機に陥るだろうと。実際、そのあとのことは、みなさんご承知の通りだと思います。

この事件の発端は、大阪地検特捜部による「郵便不正事件」（ここでは、今後「村木事件」とします）の摘発です。

あとで詳しく取り上げますが、厚生労働省の村木厚子雇用均等・児童家庭局長（当時）を大阪地検特捜部が逮捕、起訴した事件です。その起訴をめぐって、その間に担当検事らによる証拠のねつ造が行われたことが明らかになったのです。さらに、証拠をねつ造した主任検事が判明しているにもかかわらず、その上司である大阪地検特捜部長、同副部長らがこれを隠し、つまり、故意の証拠改ざんではなく過失だったと上司の検事正や、上級庁の大阪高検検事長などに報告した、つまり、犯人隠匿《いんとく》があったということです。

結果的に、証拠をねつ造した主任検事だけでなく、その上司までが犯人隠匿で逮捕されたのです。

このように、押収した証拠品に、検事が手を加え改ざんするなどという話は、私の三十六年間の検察官人生でも聞いたことがありません。もし、このようなことが可能ならば、検察はどのような人でも犯人に仕立て上げることができることになります。これは大変恐ろしい話です。

そもそも特捜部については、捜査・起訴等の行為の適法性・妥当性を有効にチェックする機関がないのです。逮捕、起訴、証拠判断、すべてを検察の中で行うのです。決済官、上司がいるといっても、その内容にもっとも詳しいのが特捜部ですから、上の人がきちんとしたチェックができるかといえばなかなかできないのです。例えば、警察の捜査について言えば、どんな事件でも必ず別組織の、検察のチェック機能が働いているのです。

この事件が起きて、最高検察庁が事件の検証のためのプロジェクトチームをつくり、法務省が検察の在り方について検討する会議をつくりました。

いろいろな議論が行われましたが、その結果、自分のところで捜査の端緒《たんしょ》をつかみ捜査を進めていくという、特捜部の「独自捜査」部門を縮小しようという方向になっています。そして脱税、インサイダー取引、独禁法違反などの財政経済事件の分野にもっと力を入れる方向に組織を改変しました。

こうした中で、「特捜部など要らないじゃないか。事件が起きたときに検事を集めてチームを組めばいい」といった意見も出てきました。しかし、事件が起こるたびに三十名もの優秀な検事を集めるといっても、どうすればいいか、なかなか集められるものではありません。しかも特捜事件の内偵には相当な期間が必要です。

問題になっているのは、「検察に正義はあるのか」ということです。大阪地検特捜部の「村木事件」だけでなく、東京地検特捜部が捜査した小沢一郎衆議院議員の秘書グループの事件、「陸山会事件」というのもありました。

この事件では、検察官の作成した被告人らの自白調書が、検察官の脅しや利益誘導により引き出された供述であって、任意性がないということで裁判所によって証拠能力が否定され、検察官の証拠請求が却下されてしまいました。

被告人の一人が任意で取り調べを受けているときに、その取り調べ状況をひそかに録音していたのです。検察官は取り調べのとき、このようなことを言っているのかと公になってしまったのです。

「特捜はなんでもできるんだ」と脅しともとれる言い方や「これくらい調書に書いても小

沢さんは大丈夫だ」などといった慰撫《いぶ》など、硬軟とりまぜた取り調べが行われていたことが一般の人に広くわかってしまったのです。証拠が排斥《はいせき》されるほどの違法な取り調べかどうかは別にして、一般の国民の眼から見ても、何かフェアーでない、公正さを欠いた、たしかに問題のある取り調べであったと思われます。

## 特捜部は戦時中の闇物資摘発から生まれた組織

最近、このように検察の特捜部が取り上げる事件について、次々と問題が生じて、世間の特捜部に対する見方が厳しくなっています。第五章で詳しく取り上げますが、こうした特捜捜査の問題を受けて、特捜部が必要かどうかという議論も出てきています。

それでは、特捜部というと、読者のみなさんはどんなイメージでとらえるでしょうか。少し前の事件でいえば、「ロッキード事件」や「リクルート事件」で、不正に関与した政治家や財界人を取り調べたり、逮捕したりする検察の花形部署というイメージがあるでしょうか。あるいは、いま述べたように、最近の不祥事によって、特捜部のイメージが悪くなってしまっているのでしょうか。

いい意味でも悪い意味でも、特捜部は検察の中でも、もっとも世間の注目を浴びる部署です。特捜部とは正式には「特別捜査部」と言います。本書では、「特捜部」と一般に知られている名称で通します。

そもそも特捜部の歴史は、戦後、一九四七年に東京地検に「隠退蔵事件捜査部」が設置されたことにはじまります。それは闇物資などを取り締まる経済専門部でした。その部署が発展して、一九四九（昭和二十四）年に東京地検に特捜部が設置され、次いで一九五七（昭和三二）年大阪地検に、一九九六（平成八）年に名古屋地検に置かれています。

現在、特捜部が置かれているのは、この東京、大阪、名古屋の三都市だけです。経済圏が大きく、いろいろな経済事件が起きるであろう地域であることが前提になっています。三大都市よりも小さい十都市の地検には「特別刑事部」という部があって、特捜部に近い、脱税事件などの捜査を行っています。つまり、もともとは戦後、闇物資摘発を目的としてできたものですが、それが発展して政治家、高級官僚、財界人など、権力犯罪を摘発するようになったのです。

特捜部のように、自分のところで独自に捜査するというのは、検察が扱う事件の中でも、全体でいえばほんの一～二％程度です。

検察の主な仕事は、警察が事件を捜査して、容疑者の身柄を捕まえて検察庁へ送ってきて、それを証拠は十分かどうか、法律的に問題がないかどうかなどを判断して、処分の過不足を判定して、起訴、不起訴を決めることです。つまり、まず警察が事件を捜査して検察に回す。検察はそれを立件、処分するということです。

それが検察の主な仕事で、普通の事件については、検察が自ら前面に出て捜査することはありません。

それに対して特捜部とは、自分のところで事件を見つけて摘発していく。わかりやすくいうと、「独自捜査」をやる部門であり、そのための組織規模になっているのです。

世の中の注目を集めるような捜査対象としては、「ロッキード事件」「リクルート事件」などのような重大な贈収賄事件、国税庁査察部や公正取引委員会、証券取引等監視委員会等と協力して行う大型脱税事件、「ライブドア事件」のような企業犯罪などです。

## 特捜部は検察官の中のエリート集団か

検察庁は、検察官、検察事務官、検察技官（技術系）、その他の職員で構成されていますが、その中で検察官は、いま全国で二千七百六十四人（平成二十九年度　検事一千八百六十五人、副検事八百九十九人）です。検察庁には、ほかに検察事務官などが九千四十二人います。なかでも、特捜部に所属する検事は全国で合わせても百人未満です。

特捜部に配属されるのは、ほんのひと握りの検事です。特捜部の中でもっとも大きい東京地検特捜部といっても、検事の数は、せいぜい三十人～四十人程度のものです。特捜部には、検事のほかに副検事、検察事務官などがいて、その人たちを含めて、東京地検特捜部は百人程度の規模です。

たった三十人程度の小さな組織、副検事、検察事務官なども合わせてもせいぜい百人足らずの東京地検特捜部で、よく「ロッキード事件」や「リクルート事件」など大きな疑獄事件を調べることができたと思うのではないでしょうか。たしかに大変ですが、組織は小さくても、優秀な検事が集まっているので、私にいわせれば「一騎当千」なのです。ですから、極言すれば、優秀な検事が五人も集まれば、たいていの事件の捜査ができます。

あとで詳しく述べますが、たとえば「リクルート事件」のときの捜査態勢はほぼ三十人の検事で取り組みました。事務官などを含めても総勢六十人程度です。

聞くところによると、週刊誌などは特集班、連載班、グラビア班など合わせるとそれぐらいの人数だといいます。政治家や芸能人の「汚職」「不倫」などの「スクープ」を扱う特集班チームは、一事案について四〜五名のようですから似た感じです。

特捜部は、検事と事務官が対になっています。これ以外に私が特捜にいた時は資料課、事務課などの協力もあおぎました。

このくらい大規模になるのは、「ロッキード事件」「リクルート事件」、この後は、「ゼネコン汚職事件」などです。ちなみに、私は「リクルート事件」のときは東京地検特捜副部長、「ゼネコン汚職事件」のときは東京地検特捜部長でした。捜査の総指揮をとるのは特捜部長で、その上には、東京地検の場合、次席検事と検事正です。その次席検事、検事正というのは、特捜部だけではなく、公判部、公安部、交通部、刑事部などをすべて統括しています。

## 検察の組織とは

ここで少し検察庁の組織を紹介しておきましょう。

検察庁には、最高検察庁、高等検察庁、地方検察庁、区検察庁の四種類があって、それぞれ裁判所に対応して置かれています。

最高検察庁は、最高裁判所に対応する検察庁で、東京に一カ所あります。高等裁判所が行った刑事事件の裁判で、上告された事件などを取り扱います。

高等検察庁は高等裁判所に対応する検察庁で、東京、大阪、名古屋、広島、福岡、仙台、札幌、高松の八カ所にあります。その他、高等裁判所の支部が合計六カ所にあって、地方裁判所・家庭裁判所・簡易裁判所が行った刑事事件の裁判で、控訴された事件などを取り扱います。

地方検察庁は、地方裁判所・家庭裁判所に対応する検察庁で、各都道府県庁所在地と北海道の函館、旭川、釧路を加えた五十カ所にあります。その他に、各地方裁判所の支部が合計二百三カ所にあって、地方裁判所・家庭裁判所が管轄する刑事事件などを取り扱います。

区検察庁は簡易裁判所に対応する検察庁で、全国四百三十八カ所にあって、比較的軽い刑事事件を取り扱います。

ちなみに一般の人は、「検事」と「検察官」という言葉の違いはほとんどご存知ないと思います。「検察官」という職の中に、階級として「検事総長」「次長検事」「検事長」「検事」「副検事」という五つの階級があり、一般に検察官＝検事と理解していただいていいと思います。

ほとんどの検事は、刑事部、公安部、交通部などに属して、警察から送られてきた事件を調べて、起訴するかどうか判断するという仕事に従事して、検事生活を終えることになります。

検事総長、次長検事、検事長は、内閣が任免し、天皇が認証することとなっている「認証官」です。また、地方検察庁には、検事の中から任命される検事正が置かれています。

検事総長は最高検察庁の長で、すべての検察庁の職員を指揮監督しています。

次長検事は最高検察庁に属して、検事総長を補佐します。検事総長に事故のあるとき、あるいは検事総長が欠けたとき、その職務を行います。

検事長は高等検察庁の長として、全国八つの高等検察庁に一人ずつ配置されています。その高等検察庁の庁務を掌理《しょうり》し、かつ、その庁とそれに対応する裁判所の管轄内にある地方検察庁と区検察庁の職員を指揮監督しています。

検事正は、地方の検察庁の長の検事で、その地方検察庁の庁務を掌理し、その庁とその管轄内にある区検察庁の職員を指揮監督しています。

検事は最高検察庁、高等検察庁、地方検察庁等などに配置されて、捜査、公判、裁判の執行の指揮監督などの仕事を行っています。

副検事は区検察庁に配置され、捜査、公判、裁判の執行の指揮監督などの仕事を行っています。

ちなみに副検事とは、検察事務官や裁判官の書記官、警察官などから副検事試験を受けて昇格するのです。仕事としては、ほとんど検事と変わりはありません。副検事として三年以上在職して、さらに試験に合格すれば検事になることができます。副検事は基本的には、窃盗など簡易裁判所の軽い事件を担当しています。特捜部の中では、検事の仕事を手伝うことになります。

## 特捜部はヤクザ抗争事件はやらない

特捜事件とは、粗暴犯や殺人などは扱わない、いわばホワイトカラークライム、知能犯罪が中心です。ですから、血が流れるようなヤクザの抗争事件のようなものはやりません。

すでに特捜部とは独自捜査をする部署といいましたが、独自捜査とは、警察とは関係なく、自分のところで事件の端緒、ネタをつかんで捜査にかかることです。

たとえば東京地検刑事部の検事ならば、朝東京地検に出勤して、警察から一日で身柄が八十人～百人捕まって検察庁に送られて来たとしたら、それをみんなで割り振って調べていくのが仕事です。検察官は、朝出勤してみるまで、どんな事件がどれだけ自分のもとに来るかはわかりません。

それに対して特捜部の検事は、自分のペースで事件を探します。たとえば東京地検特捜部についていえば、隠れた「巨悪」を見つけ出して、これを摘発することが期待されていますし、またそれが任務です。そのために独自捜査をするのです。

事件になりそうかどうかを調べるには、いろいろな方法があります。たとえば、私の経験によれば、特捜部にいると、年間で一千件～二千件の投書、密告、告訴、告発などが入ってきます。告訴、告発がなされたものを扱うのが「直告事件」です。

たとえば、直近の二〇一八年十一月十九日に日産自動車会長のカルロス・ゴーン氏が金融取引法違反で東京地検特捜部に逮捕されましたが、これは日産内部から特捜部に情報がもたらされたと側聞しており、そうだとすれば、これは、内部からの告発事件の例になるでしょう。

また、似たようなものですが、独占禁止法違反・金融商品取引法違反事件など、「財政経済事件」と呼ばれるものがあります。ライブドア事件（二〇〇六年一月二十三日、東京地検特捜部が証券取引法違反容疑で、ライブドアの堀江貴文前社長らを逮捕、その後同社の決算を粉飾した容疑で再逮捕、二〇一一年四月二十六日、最高裁が堀江氏の上告を棄却し、懲役二年六カ月の実刑が確定）や村上ファンド事件（二〇〇六年六月五日、東京地検特捜部が村上ファンド代表の村上世彰氏を証券取引法違反容疑で逮捕。二〇一一年六月六日、最高裁は村上氏の上告を棄却し、懲役二年、執行猶予三年の東京高裁の判決が確定）あるいは公取委から告発される独禁法違反事件などを扱います。

特捜部の部長や副部長など幹部は、世の中でどんなことが起こっているかと、日ごろからアンテナをなるべく高く掲げておかなければなりません。ですから、新聞記事はもちろんのこと、週刊誌の記事、あるいはどこかの会社の内紛があるといった情報など、世情のさまざまなことに目を配ります。また送られてくる膨大な投書などもあります。それらの中から事件になりそうなものを探すのです。

私が特捜部の副部長や部長のころは、出勤すると新聞、雑誌などの記事すべてに目を通して、「ちょっとこれは臭うな」「これは事件になりそうだ」と引っかかれば、たとえば税金がらみのことならば、税金のことを担当しているグループに「これを少し調べてみてほしい」と割り振ります。捜査がはじまる前に調べることを「内偵」というのですが、まずは予備捜査をするのです。

グループは大きく分けると二つあります。一つは「特殊直告」班というグループで、「直告」とは、前述したように、直接に告訴告発してくる事件です。新聞などで見かける市民団体が告発するような事件で、それを受理して捜査するところです。もう一つは「経済班」で、脱税、粉飾など、経済絡みの事件を捜査するグループです。

検事は自分が担当している告訴事件、告発事件などの案件を同時に二十〜三十件抱えています。その中で、早急にやるべき事件から捜査に取り組み、それが煮詰まってきて容疑者逮捕に至るのです。特捜部が事件に取り掛かるとき、最初から事件の全体像が見えているなどということはほとんどありません。

## 「仙台3000」のメモから「ゼネコン汚職事件」を摘発

それでは、どんなふうに事件を立件していくのか、具体的な事件を例に、簡単に紹介しましょう。

戦後最大の汚職事件である「ロッキード事件」については、あとで詳しく述べますので、そのきっかけだけを簡単にお話しておくと、アメリカからの情報です。

一九七六（昭和五十一）年二月、アメリカ議会上院で行われた上院外交委員会多国籍企業小委員会（チャーチ委員会）の公聴会で、ロッキード社（一九九五年にマーチン・マリエッタ社と合併し、現在は「ロッキード・マーチン」）が全日空をはじめとする世界各国の航空会社にトライスター（Ｌ－１０１１）を売り込むため、同機の開発が行われていた一九七〇年代初頭に各国政府関係者に巨額の賄賂をばら撒いていたことが明らかになりました。ちなみに、全日空への工作費は約三十億円だったといわれています。

その後、ロッキード社副会長のアーチボルド・コーチャンと元東京駐在事務所代表ジョン・ウイリアム・クラッター（共に当時）が、日本で児玉誉士夫《こだまよしお》氏に対して、一九七二（昭和四十七）年に「コンサルタント料」として七百万ドル（当時の日本円で約二十一億円）を渡し、それが児玉氏から、小佐野賢治《おさのけんじ》氏（当時、国際興業社主）やロッキード社の日本における販売代理店の丸紅などを通じて、当時の首相である田中角栄氏に対して五億円がひそかに渡されたことが明らかになりました。そこから日本に情報が入り、日本国内で捜査することになったわけです。

この「ロッキード事件」をまとめあげた主任検事が吉永祐介氏という私の最も尊敬する検事です。その後、吉永氏は東京地検特捜部長、同検事正などを経て、最後は最高検察庁の検事総長になりました。

「リクルート事件」についても、あとで詳しく述べますので、その端緒だけをお話ししておくと、新聞報道がきっかけです。

「リクルート事件」は、一九八八（昭和六十三）年六月十八日にマスコミに初めて報道され、世の中の人に知られるようになった贈収賄事件です。政界、財界、官界を巻き込んだ疑獄事件と呼ばれる大型の贈収賄事件です。

「リクルート事件」は、私が東京地検特捜副部長時代に主任検事として関与したもので、私の長い検事生活の中でもっともスケールの大きな、中味の濃い一番記憶に残る事件です。

リクルートの関連会社で未上場の不動産会社・リクルートコスモス社の未公開株が賄賂などとして、政治家や財界人などに譲渡されたのですが、贈賄側のリクルート社関係者と収賄側の政治家や官僚らが逮捕され、当時、大スキャンダルになった事件です。第二次世界大戦後の日本においての最大級の企業犯罪であり、また贈収賄事件といえます。

その発端は、一九八八年六月十八日に『朝日新聞』が、川崎駅西口再開発における便宜供与を目的として川崎市助役へコスモス株（未公開株）が譲渡されたことを、「川崎市助役へ一億円利益供与疑惑」としてスクープしたことからです。

「撚糸工連《ねんしこうれん》事件」（一九八五年九月〜一九八六年五月にかけて摘発）は、特捜部の検事が国会の議事録を見ていて、ある国会議員が、この業界に有利な質問をして、政府から答弁を引き出しているということを見つけたことからです。そこで「何かあるな」ということで、調べていったら金銭の授受があったのです。

糸撚《いとよ》り機械設備の廃棄をめぐって、国が設備を買い上げていたのですが、そのままでは設備を持っていること自体が利権となって、過剰設備の廃棄が進まないという批判の声があがっていました。それを封じるために、撚糸工連関係者が通産省への圧力をかけるために、国会議員に働きかけていたというものです。

さらに、撚糸工連職員の横領事件があり、その使途不明金の解明を進めるうちに同工連のトップの横領、国家公務員や現職国会議員への贈収賄事件へとつながっていったのです。

金丸脱税事件の捜査の過程で得た証拠物から端緒をつかんだのが、「ゼネコン汚職事件」です。

あるゼネコンの役員から押収した手帳を調べていた検事が、その手帳に「仙台３０００」と書いてあるのを見つけました。検事が不審に思い、「どういう意味か」と追及して解明されていったのです。

その役員は、はじめは「知らない」「忘れた」などと言いはっていたのですが、ついに「仙台の石井市長に三千万円あげた」と供述したのです。さらに、「私だけではありませんよ。他にあと三社あります。合わせて一億円差し上げたのです」と供述しました。ここからスタートして、徐々に事件の全体が見えてきたのです。

私が東京地検の特捜部長時代の一九九三年〜一九九四年にかけて日本の大手ゼネコンのほとんどを摘発、宮城県知事・本間俊太郎、茨城県知事・竹内藤男、仙台市長・石井亨、中村喜四郎元建設相などを逮捕しました。

特捜部は、このようにいろいろなことから独自捜査の端緒をつかみます。

ついでに述べておけば、この事件のときに一番大変だったのは、中村喜四郎氏の取り調べでした。まず、呼び出して調べようとしたら、「取り調べには応じない。検察庁には出頭しない」と弁護士から連絡がありました。こちらとしては、「取り調べに応じるならば、事情を聴いて調書をつくり、在宅（起訴）で処理することができるかもしれない」と言っているにもかかわらずです。

「それでは非常手段でやるしかない」と言うと、相手は「やってください」と。そこで、二十七年ぶりの、現職の国会議員に対する逮捕許諾請求を行い、中村氏を逮捕したのです。しかし、彼は逮捕・拘留期間中、完全黙秘をしてひと言も話すことがありませんでした。三十六年間検事をしていますが、こういう事例は後にも先にも、これ以外はありません。ですから、本人の供述調書は一通もありません。

ちなみに、中村氏は逮捕される二日前に自民党を離党したものの議員辞職はせずに、一九九六（平成八）年、二〇〇〇年の選挙にも当選。二〇〇三（平成十五）年一月に最高裁判所によって上告が棄却され、実刑が確定し、衆議院議員を失職になっています。しかし、二〇〇五（平成十七）年には衆議院議員に返り咲いて、現在も現職（茨城七区）です。

いくら選挙に強いといわれても、収賄罪で捕まって刑務所に入って有罪になっても、すぐに復権してしまい、さらにはいまだに現職の国会議員として活動を続けることができるのですから、この日本という国は不思議な国だなと感じます。これが民主国家の実態なのだと言われてしまえば、それまでですね。

## 張り込み、逮捕は検察事務官がする

独自捜査をするということは、特捜が警察のような捜査をするわけですが、張り込みをしたり家宅捜索をしたりなど、普通、刑事がやるようなことは検察事務官が行います。彼らは逮捕権限があるので、拳銃こそ持ってはいませんが、手錠を持っています。ですから、大変な仕事です。

検事は家宅捜索をしたり、参考人として取調べを行い、供述を引き出したり、逮捕後の取り調べなどを行います。たとえば、この前の私立大の支援事業をめぐる汚職事件で文部科学省の前科学技術・学術政策局長が逮捕されたりして家宅捜査をするようなときには、検事が責任者として、事務官を多数同行していきます。役所に大臣がいれば、捜査令状を見せて「これから家宅捜査をします」と宣言します。

こうして押収した資料や証拠類などを精査して容疑を固めていくわけですが、もっとも検事にとって重要なのは、参考人や被疑者の取り調べです。相手は、はじめから素直に話してくれるわけではありません。そこで丁々発止のやりとりをすることになります。したたかな相手に対しては、時に厳しい態度で接することにもなります。

まずは、任意の事情聴取で、相手を呼んで調べます。「何月何日に東京地検に来てください」と連絡をとります。電話するのは、事務官がすることもあるし、検事が自らするときもあります。

任意の事情聴取段階で終わらせる事件と、強制捜査に入る事件があります。内容が複雑な事件の場合には、口裏を合わされたり、証拠隠滅されたりする恐れがあるので、逮捕することになります。

相手が政治家や実業家など著名人の場合、マスコミも大挙して追いかけてくるので、東京地検の本庁に呼び出して事情聴取ができないようなこともあります。そういうときには、都内に散在する区の検察庁を使ったり、ホテルを使ったりすることもあります。都心の大きなホテルは出入り口がたくさんあるので、マスコミが張り込みをするのも難しく、さすがに追いきれないからです。池袋のサンシャインホテルやニューオータニなどは政治家聴取の場所としては最適でした。

## 「賄賂」か、「社交儀礼」か、それが問題だ

特捜部が捜査する贈収賄についてですが、「賄賂」であるかという認定は難しいものです。「賄賂」とは、人の欲望を満足させるあらゆるものが対象です。おカネだけではありません。ですから、最近話題になった東京医大の不正入学問題でも、文部科学省の局長の息子の裏口入学も「賄賂」ということができるのです。

問題は、金銭を授受するときに、何を企図しているかということです。その前にいろいろな懸案事項があって、そのことを依頼するといった思惑があるのではないかと疑われるような場合には、贈収賄にひっかかるということです。

接待の場合、賄賂行為に認められてはいますが、そこは、はっきりしないところがあります。知人関係であれば、一緒に食事をして、どちらか一方がおカネを出すということはしばしばあります。いわゆる社交儀礼という範囲ならば賄賂にはなりません。

何らかの職務権限の対象になっている人でも、母親が病気になったということで、二万〜三万円程度の見舞金をもらっても、それでひっかかるということはありません。

ある仕事の対価としての意味を持つようなものがひっかかるのです。社交儀礼に名を借りて、たとえば公務員の高官が外国に出張するときに、出入り業者が数万円の餞別を送るというのならいいのですが、百万円単位の餞別を送るとなると、常識の範囲を超えているということで、これは見返りを求めていると受け取られてひっかかります。

たとえば、田中角栄氏は、押収した資料からもわかることですが、あちらこちらにおカネを配っています。各省庁の次官、局長クラスになれば、たいていは彼からおカネをもらっていたといわれましたし、マスコミでも、角栄番になった人は、おカネをもらっていたとも聞きました。たとえば、田中総理が南米に行くというので、番記者がついて行くと、ついてきた記者に一人三十万円などと、ご祝儀を配っていたと聞いたことがあります。真偽のほどはわかりません。

しかし、それは贈賄にはなりません。社交儀礼であって、社交儀礼は犯罪にならないことは、刑法の中にも書いてあることです。そんなふうに何かの折にあちらこちらに無差別に配っているのは、贈賄にならないのです。

賄賂とは、選別して、この人にはやらないけれど、この人にだけやるというものです。その人に何かをやってもらうという対価関係がある場合です。

おカネを出した段階で、まだ見返りがない場合には、単純収賄です。物事を頼むという「請託」があれば、受け取った側は頼まれことを受け入れたということで、受託収賄になります。「請託」とは「一定の職務行為をすることの依頼を受け、これを承諾して賄賂を受取ること」です。

懸案事項があるかないかがポイントです。何も懸案事項がなくて、「いずれ頼みますよ」の段階であれば問題はありません。「魚心あれば水心」というので、将来、何か難しいことが起きたら頼めるような人間関係をつくっておくという段階では贈賄罪にはなりません。

しかし、それがだんだんと深みに入っていくと、贈収賄になってしまうこともあります。ただし、とても親しくなって、性格的に気が合っているから、頻繁に奢り奢られという関係になると、贈収賄的ではなくなってきます。

近頃では、海外でノーベル文学賞の選考委員の選定に絡んだ事件で、ノーベル文学賞の授与が行われなくなったということがありましたが、国内では、だいぶ古い時代の話ですが、文化功労賞や芸術院賞の選定に絡んで、ある人が、選考委員に金銭等々を使って働きかける運動をしているということで、特捜部が内偵捜査をしていた事件の記録を見たこともあります。世間では、こうした賞の選考は公明正大に行われていると思われているでしょうから、これを立件したら、社会的に大きな問題になっていたでしょう。

いずれにしても、公務員で、職務権限がある人がおカネなどをもらって、その権限を行使したときには、収賄になるということです。友人関係にあって、そうしたものをもらっていないで、その人を優遇したとしても、別に罪にはならないのです。

贈収賄事件の場合、このように、それが成立するかどうかは、非常に微妙で難しい問題があります。それを一つひとつ、そのカネを贈ったのにはその見返りがあったのか、あるいは見返りを企図しているのかどうかを見極めていかなくてはならないのです。

第二章

# 平成の大疑獄・リクルート事件の全真相

## リクルート事件が報じられた時「私の体の中を電気が走った」

私が現職の検事時代に、私自身がかかわった一番大きな事件はなんといっても「リクルート事件」です。東京地検特捜部の副部長時代の事件でした。大きな事件の捜査に当たっては、副部長が主任検事を務めます。この事件は、私が副部長として捜査の主任検事という責任ある立場でまとめあげた事件です。

「ロッキード事件」後、最大の疑獄事件でした。時代は前後しますが、私のかかわった事件として、先に本章で「リクルート事件」を取り上げましょう。

ちなみに、「ロッキード事件」の主任検事は、当時、やはり東京地検特捜部の副部長だった吉永祐介氏です。特捜部の部長というのは、特捜部全体の人事、予算なども含めて統括する立場です。事件そのものの捜査全般に関しては、副部長が事実上の責任者といえます。

「リクルート事件」とは、簡単にいえば、一九八八（昭和六十三）年に発覚した、リクルートの子会社のリクルートコスモス社の未公開株が上場前に政治家や官僚に賄賂として譲渡されたという戦後日本における最大級の企業犯罪、贈収賄事件です。

この事件の発端は前章でも触れたように、一九八八年六月十八日の朝日新聞朝刊の記事からで、川崎駅西口再開発における便宜供与を目的として川崎市の助役へ、リクルートコスモスの未公開株が譲渡されたと大きく報道されたことです。

その便宜供与とは、当時、「かわさきテクノピア地区」として再開発事業が行われていた、明治製糖川崎工場跡地の再開発事業に関することでした。この「かわさきテクノピア地区」に関して、本来容積率が五〇〇％のところを八〇〇％に引き上げて高層建築を可能とさせるのが目的であったと報道された記事です。

日々の出来事を記録した日記は何十冊にも及ぶ

記事には、川崎市助役が一般に入手困難だったリクルートコスモスの未公開株を譲渡されたこと、店頭登録後に売り抜けて一億二〇〇〇万円の利益を得たこと、購入代金のほぼ全額がリクルートファイナンスなど、リクルートの子会社が融資したことなどの事実が記されていました。
私は検事時代を通じてずっと大学ノートに日記をつけていました。リクルート事件当時も、大学ノートに日記を毎日つけていました。
私は、その日の日記に、「そのとき、私の体の中を電気が走った」と書いています。「これは疑獄になるぞ」

と直感しました。未公開株を渡して、その後の値上がりで利益を与えるというのは、不正な利益供与だろうし、地方政界には、よくあるパターンです。永田町で同じことがあってもおかしくないだろうと思ったのです。

朝日の記事を読んだ直後に、特捜部の資料課長をすぐに呼んでリクルート社に関するデータ収集の依頼をしました。そのときまでは、私はリクルートという会社については、ほとんど知らなかったので、会社に関する資料を集めたり、神奈川県警、横浜地検でボツになった事件だったので、その捜査資料を取り寄せたりしたのです。

当初の神奈川県警、横浜地検の調べでは、未公開株の譲渡というのは、お金を出して未公開株を買っても、公開後下がることもあるから、賄賂にならないのではないかということで、立件していなかったのです。つまり、未公開株が賄賂になるかどうかが解明できなかったのです。

しかし、当時、未公開株は上場すれば必ず値上がりするという時代でした。とはいえ、この未公開株を特定の相手に売却することが賄賂の目的物になるかとどうかが、われわれにとっても大問題でした。

ちなみに、リクルート社の江副浩正元社長（当時会長）は、自著の『リクルート事件・江副浩正の真実』の中で、「これが契機となりのちに大きな事件に進展するとは、その時の私は思ってもいなかった」と書いています。

## 殖産住宅事件の最高裁判例が追い風になった

われわれの捜査の追い風になったのは、当時、ちょうど未公開株に関する重要な最高裁判例が出たことでした。それは一九八八（昭和六十三）年七月十八日の「殖産住宅事件」の最高裁の決定です。

簡単に殖産住宅事件について触れておくと、一九七二（昭和四十七）年に、殖産住宅相互株式会社が新規二部上場に際して、大蔵省証券局証券監査官と東京証券取引所上場部次長が公開株の割り当てを受けた行為で収賄罪、提供した殖産住宅相互株式会社の役員などが贈賄罪に問われたものです。

さらに、翌一九七三（昭和四十八）年六月には当時の会長・東郷民安氏を新規上場に伴って過大な利益を得たとして、東京地検特捜部は、彼を脱税容疑で逮捕しました。

逮捕者は収賄罪として大蔵省と東京証券取引所の職員二人、贈賄罪として殖産住宅相互株式会社関係者など五人でした。東郷氏は、公判で中曽根康弘元首相から自民党総裁選のための資金提供を頼まれて、一部の自社株売買を行ったと主張しましたが、中曽根氏はその主張を否定しています。

この最高裁決定によって、未公開株について、値上がり確実で、一般の人にとっては入手困難なものについては賄賂の目的物と認定でき、賄賂性を帯びるということになったのです。この殖産住宅の最高裁決定があったからこそ、リクルート事件については、それを追い風にして立件・着手することができたということです。

そこでわれわれは、未公開株についても「値上がり確実」「入手困難」、この二つの要件を満たせば、賄賂性を帯びるということで、捜査に着手、NTT、文部省、労働省、政界の各ルートにつき、それぞれ登場人物の一覧表をつくって捜査にとりかかったのです。ちなみに、当時のリクルート会長の江副浩正氏は、未公開株を店頭公開後譲渡したことによって、無税で百数十億円を手にしたのです。いまは税金がかかりますが、当時はそういった創業者利益は非課税でした。

## 特捜部で事件担当をめぐり「軋轢《あつれき》」

朝日新聞の報道のあと、リクルートコスモスの未公開株が大物政治家や高級官僚、財界リーダー、文化人などにばらまかれていたことが次々と暴露されました。

この未公開株が、当時の、中曽根康弘前首相をはじめ、竹下登首相、宮澤喜一副総理・蔵相、安倍晋太郎自民党幹事長、渡辺美智雄自民党政調会長（それぞれ当時）、森喜朗氏ら九十人を超える政治家たちにも譲渡されていたこと、学界関係者でも、政府税制調査会特別委員を務めていた公文《くもん》俊平氏（東大教授）にも一万株が譲渡されていたことなど、次々と明らかになっていきました。

さらに一九八八（昭和六十三）年七月六日、森田康日本経済新聞社社長が一九八四（昭和五十九）年十二月に未公開株譲渡を受けたことで八〇〇〇万円の売却益を得たという事実が発覚し、社長を辞任しました。渦中の江副会長は同年七月二十六日に、抑うつ症状ということで、半蔵門病院に入院しています。

私が主任検事として事件を正式に担当することになったのは、朝日新聞の報道から五カ月後の一九八八年十一月十日のことです。主任になるにあたっては、特捜部内でひと悶着ありました。

すでに「松原事件」を担当していた先輩検事の堤守生副部長が本筋である未公開株の政官界ルート捜査の態勢をつくる際に、私への引き継ぎを渋ったからです。

「松原事件」とは、松原弘リクルートコスモス社長室長（当時）が、国会で未公開株譲渡問題を追及していた社民連の楢崎弥之助衆議院議員（当時）に国会での追及に手心を加えてほしい趣旨で五百万円を渡そうとした贈収申し込み事件です。

一九八八年八月四日以降、松原氏は楢崎氏の自宅や議員宿舎に何度も押しかけて現金の供与を申し込んでいます。同年八月三十日、楢崎氏は議員宿舎での松原氏との会談の模様を、日本テレビ記者の協力のもとで隠しカメラで撮影し、その模様が九月五日の日本テレビのニュースで放映されたのです。このニュースによって、マスコミ報道がさらに過熱しました。

その後、同年十月十九日に東京地検特捜部がリクルート本社、リクルートコスモス社、リクルートコスモス社社長室長自宅を家宅捜索。十月二十六日、東洋信託銀行証券代行部を家宅捜索してリクルートコスモス社の株主名簿などを押収しました。

十月二十日には松原氏を逮捕、十一月十日に贈賄申込罪で起訴しました。

リクルート事件の中でも、この「松原事件」だけは、未公開株譲渡そのものではなく、特異で別個のものでした。しかも江副氏は贈賄工作とはまったく無関係だとして決着してしまったのです。

この「松原事件」を手掛けていた堤班（堤守生特捜部副部長）には、捜査の先にいるはずの大物政治家をターゲットに捜査を進めてきたという思いがあります。ですから、堤氏としては、未公開株譲渡事件に移行するにあたっても、自分の班の検事を中心に使ってほしい、そうでなければ事件を渡すのは嫌だと言い出したのです。松田昇特捜部長も「そのように考えてほしい」と言います。しかし、私は「私に検事の人選を任せてくれないなら、この事件を引き受けられない。どうぞ、そちらでやってください」と拒否しました。

こうしたやりとりがあったのは、松原氏を起訴した同年十一月十日の幹部会でのことで、この日東京地検特捜部は正式に「リクルート事件」の捜査開始を宣言しました。最終的には、私の意見が入れられて、以後、私が特捜部副部長として、この事件の主任検事を担当することになりました。

この当時の流れを整理すると次のようになります。

すでに同年十月二十九日に藤波孝生元官房長官、真藤恒NTT会長、高石邦男前文部事務次官、加藤孝前労働事務次官へのコスモス株譲渡が発覚しています。

同年十一月十五日には、江副氏は衆議院リクルート問題調査特別委員会にコスモス株譲渡者全リストを提出しています。

同年十一月二十一日に衆議院リクルート問題調査特別委員会に、江副氏、高石前文部次官、加藤前労働次官が証人喚問されました。

同年十二月九日に宮沢蔵相が辞任、十二月十二日に真藤NTT会長が辞任。十二月二十七日、竹下首相が内閣改造を実施。十二月三十日、長谷川峻法務大臣もリクルートからの献金が発覚し辞任——。

## 捜査態勢のスタート——「事件が猛烈に面白くなってきた」

話は前後しますが、私が松田部長から内々にリクルート事件捜査の本隊とは別の別動隊として捜査を命じられたのが一九八八年十月二十七日のことです。

それまで、すでに述べたように、私は、朝日新聞の第一報から疑獄の臭いをかぎとり、独自に資料収取を行っていました。本隊（堤班）は、松原氏逮捕（十月二十日）後は、贈賄申し込み事件の解明で手一杯の状態で、株問題まで手が回らない状態でした。本隊とは別に、私は数人の検事に命じて、どれくらいの株がどのようなルートで流れたかを割り出していました。

そのころの日記に、私は次のように記しています。

一九八八年十一月一日 「一日中リクルート事件に関与。だいぶ糸がほぐれてきた。代議士の名前も浮かんできた」

一九八八年十一月二日 「事件が猛烈に面白くなってきた。リクルート事件は大型の疑獄事件の様相を呈してきた。政界への株の流れはかなり判明してきた」

ひと悶着あったとはいえ、同年十一月十日の幹部会で、われわれ別動隊が本筋の捜査をすることが決まり、私が主任検事を務めることになり、個々の検事の能力や性格を見極めたうえで、四ルートの捜査班を編成しました。

特捜部で大きな事件を扱うときには、個々の検事ではなく、共同捜査になります。上の人が主任検事になります。このリクルート事件のときは、主任検事の私の下に、何十人も検事や副検事などのスタッフがついていますが、こういうケースは稀です。

同年十一月十五日午前十時半に、検事、副検事など総勢約三十名を特捜会議室に集めて、資料を配布して、捜査方針や捜査手順、心構えなどについて説明を行いました。各ルートの総括（まとめ役）としては次の検事を起用しました。

- 政界ルート〈「株価および株流通ルート関係」〉＝神垣清水検事（元横浜地検検事正、公正取引委員会委員を経て弁護士）
- ＮＴＴルート〈ＮＴＴ関係〉＝佐渡賢一（元福岡高等検察庁検事長、二〇〇七～二〇一六年証券取引等監視委員会委員長）
- 労働省ルート〈「公務員・政治家ルート」〉＝熊崎勝彦（元東京地検特捜部長、元最高検察庁公安部長を経て弁護士、元プロ野球コミッショナー）
- 文部省ルート〈「公務員・政治家ルート」〉＝樋渡利秋（検事総長を経て弁護士）

総指揮の松田昇特捜部長の下に、実際に捜査の指揮をとる特捜副部長で主任検事の私がいて、その下を四グループに分けて、少ないグループで検事が三人、多いグループでは七

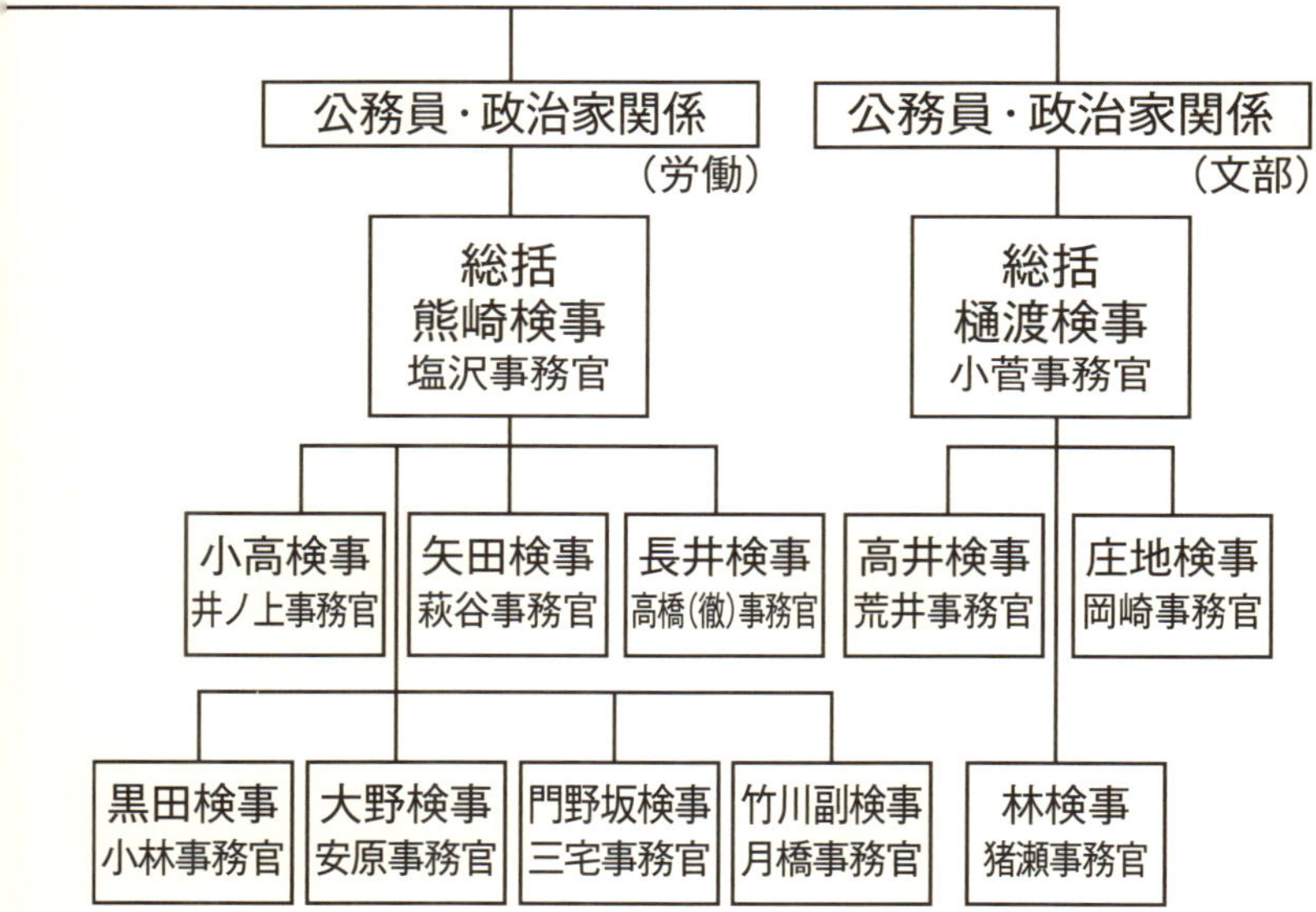
公務員・政治家関係
（労働）
総括
熊崎検事
塩沢事務官
小高検事
井ノ上事務官
矢田検事
萩谷事務官
長井検事
高橋（徹）事務官
黒田検事
小林事務官
大野検事
安原事務官
門野坂検事
三宅事務官
竹川副検事
月橋事務官
公務員・政治家関係
（文部）
総括
樋渡検事
小菅事務官
高井検事
荒井事務官
庄地検事
岡崎事務官
林検事
猪瀬事務官

## リクルート事件の捜査体制

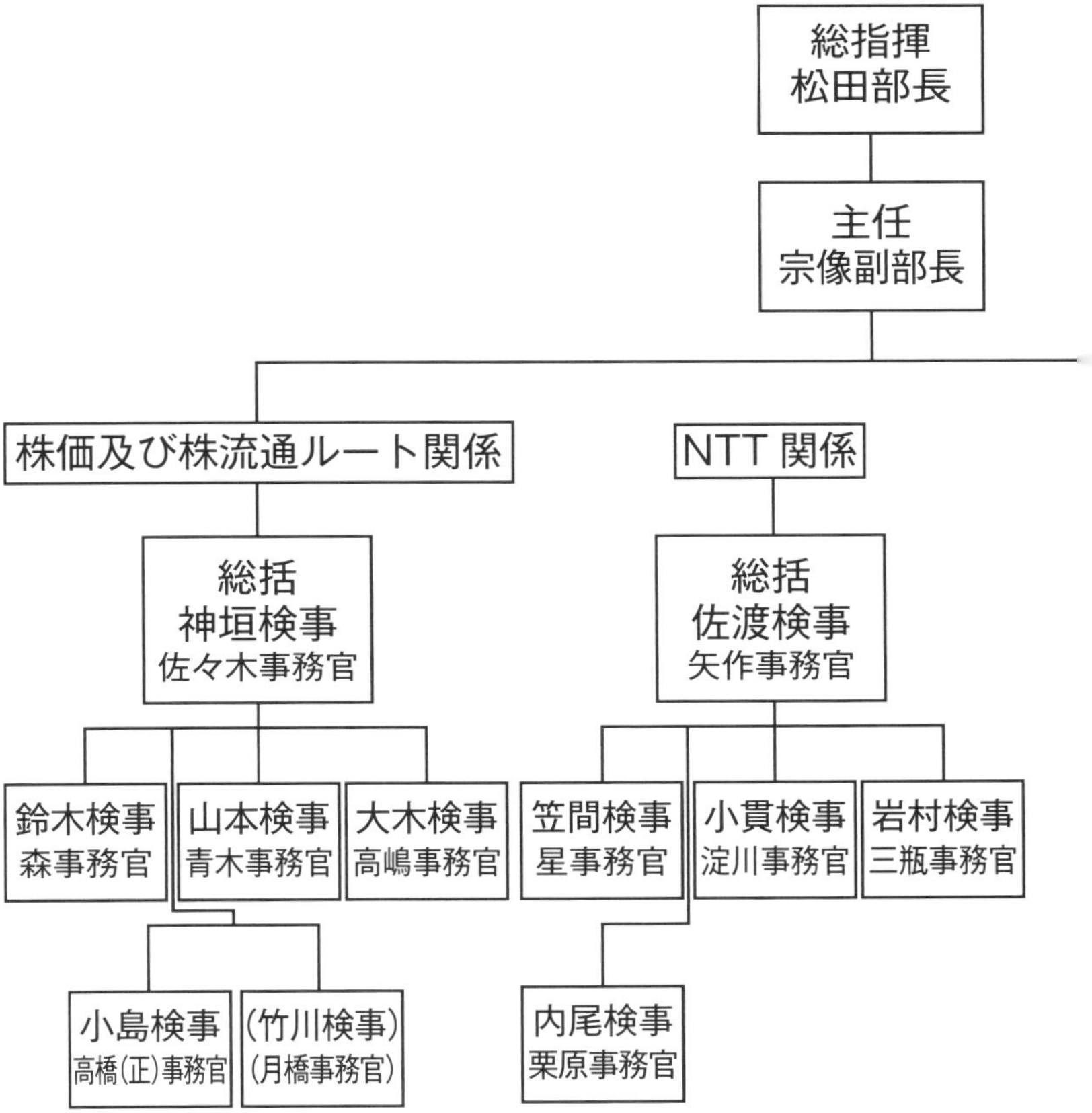

人の構成でした。いま振り返っても非常にそうそうたるメンバーを集めた贅沢な布陣でした（前頁図参照）。

会議では、捜査の重要性、長期戦になる見通しを語り、秘密保持の徹底を強調しました。その日の私の日記には「メモに基づき厳正に指示。若い検事にやる気を起こさせるようにしなければならない。日比谷公園に面した道路の街路樹の葉が二～三枚、ひらひらと落ちるのが見える。初冬である」と記しています。

## 次々と大物を逮捕

事態が大きく動いたのは、朝日新聞の報道から約八カ月後の一九八九（平成元）年二月十三日のことです。この日、検察首脳会議が開かれ、贈賄側で江副浩正前リクルート会長、小林宏ファーストファイナンス前副社長　収賄側でＮＴＴの式場英、長谷川寿彦両元取締役を逮捕しました。

時系列にその後の動きを並べると次のようになります。

- 一九八九（平成元）年二月十七日に加藤孝労働省事務次官の側近の元労働省課長を逮捕。

・同年三月六日に真藤恒前ＮＴＴ会長を逮捕。

日記には、「三月六日月曜日、ＮＴＴルート、真藤恒ら四名を逮捕、第二弾。激動の一日だった」とあります。

・同年三月八日に加藤孝元労働省事務次官と辰巳雅朗リクルート社元社長室長を逮捕

・同年三月二十八日に高石邦男元文部省事務次官を逮捕――。

真藤氏の逮捕は、かなりの衝撃を社会に与えました。なにしろ今もそうかもしれませんが、当時の日本最大級の会社（ＮＴＴ）のトップだった人です。プロローグでも書いたように、ゴーン氏の逮捕に匹敵するものがあったと思います。

見た目からも温厚な紳士で、清廉潔白の経営者というイメージがありました。逮捕直前、彼は病院に逃げ込んでいました。なぜか、被疑者は入院すると、本当に体調を崩すものです。そのとき、労働省ルートの加藤孝元事務次官の逮捕・起訴を優先する予定でしたが、「真藤を先にやったほうがいい」という吉永祐介検事正からの指示を受け、急遽ゴーサインを出して逮捕したわけです。

入院先の病院に向かったのは佐渡検事でした。身柄を確保した佐渡検事が、真藤氏に「さあ行きますよ」と促したところ、彼は「俺のズボンがない」と言って、大騒ぎになったという。実際にはズボンを穿《は》いていたのに、「ズボン、ズボン……」と探していたのです。よほど、精神的ショックから取り乱していたのでしょう。

病院から出る時も、「マスコミのさらし者になりたくない」「裏口から出してくれ」と要求。それに対して佐渡検事は、「あなたほどの人物であれば、逃げ隠れはしないほうがいいと思います。堂々と正面玄関から出ましょう」と説得。すると、彼も冷静になって、「検事さんの言う通りですね」と正面から出ることに同意したそうです。

真藤会長の逮捕のあとも、前述したように、次々と大物が逮捕されていきました。

そのころの日記には、

「三月六日 NTTルート 真藤会長ら4名を逮捕。日本国中が大騒ぎである。帰宅、夜中の2時。記者14人待つ」

「三月八日。みぞれ、雪。雪の日に大捕り物。リクルート事件、加藤元労働事務次官、逮捕。辰巳元リクルート取締役も逮捕。世の中、衝撃」

「三月二十八日 高石邦男元次官、収賄。午後から令状請求をしたので、四時過ぎに令状が出て、区検で高石を逮捕するのに時間がかかった。マスコミ、フィーバー。文部省のガサを予定していたが中止」

などと、いろいろと書いています。

こうして最終的には、ＮＴＴルートでは、真藤恒前ＮＴＴ会長と二名の元取締役、労働省ルートでは加藤孝元労働省事務次官と元労働省課長、文部省ルートでは高石邦男元文部省事務次官などを逮捕、そして、政界ルートでは、藤波孝生元官房長官と池田克也元衆議院議員を受託収賄罪で在宅起訴しました。

ここに至るまでには、地道な捜査、取り調べがありました。

## 真藤会長の秘書は小野田寛郎さんもびっくりの忠臣

三月六日に、真藤とその秘書を逮捕したものの、十日が経過しても、両人の自白を得ることができませんでした。また、真藤氏の逮捕を知った江副氏もひどく動揺し、一切の供述を拒否。吉永検事正からは主任検事である私に、「真藤が供述しなければ、この事件は起訴できない。どうするつもりだ」と詰め寄られ、少し焦りを感じたりもしていました。

しかし、三月十七日になって事態が急変しました。東京拘置所の佐渡検事から「真藤が認めました」との電話連絡があったのです。

そのとき、私は自室で膨大な検事調書や報告書の処理に忙殺されていたのですが、卓上のメモ用紙に報告内容を書き留めて、検察庁舎の東京地検特捜部のある五階から最高検がある八階まで駆け上がり、前田宏検事総長ら検察首脳に「真藤自白」を報告しました。とはいえ、階段を走ったため、息も絶え絶えの私に代わって、吉永さんがメモを読み上げたのですが、そこにいた検察幹部一同から「おおっ」というどよめきが期せずして起こりました。

「江副から自分にコスモス株一万株が譲渡されたことは間違いない。この儲け話を秘書から聞いて承諾した。回線リセールなどの謝礼と認識していた」——これが真藤供述の要旨でした。

これで山は越えたのですが、もう一つ問題がありました。

真藤氏の供述、自白内容を、彼の秘書に伝えても、秘書は厳然と否認を続けるのです。会長をお護りするのは自分の任務だという一心からのようでした。秘書を取り調べていた担当の検事も、「真藤に忠実で、全くしゃべらない」とお手上げ状態が続きました。

そこで、真藤氏から自白を引き出した佐渡検事が秘書を取り調べることになった。その際、彼が真藤氏の「本日をもって秘書業務を解く」という言葉を秘書に伝えたのです。真藤氏は、秘書が黙秘を続けるのが自分への忠誠心からということを重々承知で、「もういい、よくがんばってくれた」という気持ちから、そういう言葉を佐渡検事に託したのです。ボスの言葉を伝え聞いた秘書はしばらく考え込んだあと、「検事のお話はよくわかりました。これからはすべて本当のことをお話しします」と語り、真藤氏の自白を超える具体的で、かつ詳細な内容を供述したのです。

その日の私の日記には「真藤が、秘書を喋らせる魔法の鍵を、佐渡に渡した」と書いています。

かつて、終戦後もルバング島に潜伏し、ゲリラ活動を島内で展開していた小野田寛郎さんのエピソードを想いだす人もいるのではないでしょうか。彼も、かつての直属の上官である谷口義美元陸軍少佐から「作戦行動ヲ解除」との命令を受けて、やっと投降しました。義理と人情、上意下達を絶対視するサムライの世界が、戦後の日本には生きていたのです。今はどうでしょうか?　不正に関しては「内部告発」を勧めることも多くなった日本の会社で、同じような事件が今後起きた時、こういう「麗しい上司と部下」が再び出てくるのか。興味あるところです。

## 江副氏は「しぶとい男」だった

ともあれ、リクルート事件の中心にいるのは、いうまでもなく、四ルートの中心人物である江副前会長でした。

すでに、一九八八（昭和五十三）年十一月二十一日には、衆議院リクルート問題調査特別委員会において、江副氏は、高石前文部次官、加藤前労働次官とともに証人喚問されています。

そのとき、社会党議員からの「株譲渡先に、まだ公表されていない関係者がいるのではないか」という質問に対して、「お名前を申し上げることはご容赦いただきたい」と証言を拒否しています。

私が江副氏を初めて取り調べたのは、証人喚問のあとの一九八八年十二月二十日です。リクルートグループのホテル「芝グランドプラザ」に行きました。

先に紹介した江副氏の著書『リクルート事件・江副浩正の真実』では、その日の様子が次のように描かれています。

【社員の事情聴取が始まっておよそ一カ月後の昭和六三年一二月二〇日、私(江副)の取調べが始まった。

特捜からリクルートの法務部に、「マスコミを避けるため、そちらの指定の場所へ出向く」と連絡が入った。弁護人で元検察官の牧義行弁護士が取調検事を検察庁に迎えに出向き、リクルートグループのホテル「芝グランドプラザ」で取調べを受けた。容疑は「証券取引法違反」だった。

担当は特捜部副部長の宗像紀夫検事。グレーのスーツに厚い眼鏡で中肉中背、実直な公僕といった風貌の人であった。宗像検事は福島県知事を現職知事として初めて起訴、立件したことで名声をあげた検事である】(『リクルート事件・江副浩正の真実』)

ちなみに、この「福島県知事事件」とは、私が福島地検にいた、まだ若手検事時代のころですが、一九七六（昭和五十一年）の木村守江福島県知事の汚職事件のことです。ちょうど東京でロッキード事件の捜査が大詰めを迎えていたころのことです。現職の福島県知事の土地開発に絡む汚職捜査を手がけ八百万円の収賄で起訴し、有罪（懲役一年六カ月、執行猶予五年）となりました。公選知事としては初めて収賄で有罪となった事件で、私にとって忘れがたい事件です。

江副氏は私に対して、「実直な公僕といった風貌の人であった」という印象を持ったようですが、彼に対する私の第一印象は、証人喚問のときの通りに「しぶとい男だな」というものでした。

だから、ホテルの部屋に入るやいなや、彼に向かって「どこかに隠しマイクはないでしょうね」と問い質したりもしたのですが、その本にも、ちゃんとそう書いてありました。

そのときの彼は、マスコミに追われ疲れていて、胃腸もすぐれず顔色も悪かったのですが、気弱なところはまったく見られませんでした。人当たりはいいが、肝心なことになると、のらりくらりとかわす。「これは手こずるかもしれない」と思ったものです。

その後何度か私が取り調べを行い、一九八九（平成元）年一月三十一日以後は、担当を神垣清水検事に任せました。そして、同年二月十三日、彼を逮捕しました。

そのときのことを江副氏はこう記しています。

【三時過ぎ、検事から「逮捕する」と告げられた。（中略）

最初の取調べから五五日目の逮捕だった。

これまで証取法違反と眞藤さんのことしか訊かれていなかったのに、逮捕容疑はNTTの長谷川寿彦、式場英両氏への単純贈賄容疑。眞藤さんでなくてよかったと、胸をなで下ろした。

連日取調べを受け「逮捕するぞ」と脅され続けていると、恐怖感が蓄積して夜も眠れない。逮捕されたことで、逆にその緊張と恐怖とから解放され、安堵感を覚えた】（前同書）

それに対して、私の同日の日記に次のように書いています。

「月曜日。いつもより早く自宅を出る。東京地検着、カメラフラッシュ。一〇時半、最高検で首脳会議。吉永検事正がまず五分ほど説明。その後私がペーパーに基づき、労働、NTT、各ルート報告、異論もなし。質問もなし。

検事正、今後政治家関係班をつくって、そちら方面も検討を始める。総長室で会食、カレー定食、メロン、コーヒー付き」

「区検出頭求め、江副、長谷川午前中に入るも、式場（NTTの役員）、マスコミに自宅を張られなかなか出られず。マスコミが堰《せき》を切ったように報道、号外。検事正、機嫌良し」

「強制捜査に着手。午前一時半に帰宅。自宅前記者十四人。疲労感と充実感と。報道の大きさに驚くばかり」

その後、私は江副氏と拘置所内でも対決することになります。

## 「黙秘」する江副氏を自白に追い込んだ！

江副氏は非常に粘り強くて、生木のように折れにくい、いくら追い詰められても、しなるけどまた元に戻るという印象です。

他の検事が調べたときは、江副氏はずっと黙秘していました。当時の検事正の吉永祐介氏から「宗像君、きみは主任検事なんだから、自分で始末をつけろ」と言われて、私が取り調べることになったのです。

特捜部の副部長は管理職なので、通常取り調べは担当しません。しかしこの事件で、私は例外的に取り調べを担当しました。その後、特捜部長を務めましたが、これが私の検事人生最後の取り調べになりました。

江副氏については、それまでに何人かの検事が取り調べていました。私は、彼が政治家にいくらカネを贈ったのか、未公開株をいくら渡したのか、それは政治家本人に渡したのか、秘書に渡したのか、賄賂の趣旨があったのかといったことを重点的に取り調べました。

私が取り調べても、彼はなかなか自白しませんでした。黙秘しそうになったので、私は「ああいいよ。そのかわりもう、あなたの調べには来ないぞ。私が来ないと、あなたはずっと部屋から出られないんだよ。鉄格子の中で三日、四日、五日と過ごすことになるよ」と言ったこともありました。

東京拘置所には検事棟があって、そこに検事の取調室があります。取り調べのときには、狭い部屋から出て、検事の調べ室のところに来るわけです。取調室に入るだけで、被疑者はかなり緊張するものです。しかし、拘置所の狭苦しい部屋に一日中いるのは、もっと苦しいようです。

実際、二、三日、私が行かなかったら、拘置所から電話がきて、「江副が主任検事の私に調べに来てほしい」と連絡があったことがあります。そのとき、「これはもう勝ったな」と思ったものです。その後何日も取り調べが続きました。最終的に、江副氏に自白を決断させ、供述を得ることができました。

事件というのは一人で成り立っているわけではありません。リクルート側と国会議員との間で、どういうやり取りがあったかといった状況を具体的に明らかにしたからこそ、ごまかすことができなくなった江副氏を自白に追い込むことができたのです。

あとでも述べますが、藤波元官房長官のケースでは、リクルートからもらった未公開株の売却益が東京杉並区に買った自宅の購入代金の一部になって、資金が迂回して流れる様を我々がしっかりと押さえていました。そういう「隠し玉」「動かぬ証拠」を持っていれば、いくら政治家が否認、黙秘しても確信を持って起訴・立件できるのです。しかし、そういう「動かぬ証拠」「隠し玉」を持たずに、見込みだけで捜査し、「自白」のみに依拠して起訴・立件するような事例が、後年、地検特捜部にも見られたことは極めて残念なことでした。

## 検事は江副氏を脅迫したのか？

私は江副氏を何十回も取り調べていますが、毎日何を調べるか、どう調べるか、そしてどうなったかということを、克明にメモをとっています。こうしたメモは後で、任意性や信用性が問題になったときに、自分を防御するためにも必要になるので記録してあります。

原本は捜査記録ですから、もちろん公開はできませんが、たとえば、江副氏を取り調べるうえでも、何から調べるか、心情、経歴からはじまって、すべて日付をつけて記録してあります。日記も書いています。

江副氏の本では、他の検事が彼を脅したといったことが書かれています。同書の中で、特捜の取り調べが過酷なものであり、当人が不本意な供述にも署名させられたということも描かれています。

検事にも個性がありますから、非常に気が強く激しい勢いで怒鳴るように取り調べる人もいるし、穏やかに論理的に説得するようなタイプの人もいます。また、硬軟取り混ぜて何とか供述を引き出そうとする人もいます。私はといえば、穏やかに説得して供述を得ようとするタイプです。

彼もさすがに、私については脅されたとは書いていません。私は、取調状況については、すべて日にちを追って詳細に記録してありますから、たとえ何月何日に何があったと弁護側が言っても、こちらは、「それは全然違う」と主張できるのです。

それでも、江副氏は「何とか認めてほしい。何とかまとめるのに協力してほしい」と私に懇願された、どちらが被疑者かわからないような逆転現象を感じたといったことを書いています。それはたとえば、次のような部分です。

【五月六日の取調べでは、「起訴時の求刑を軽くすることを約束しますよ。ぼかした調書にするので、これに署名して、あとは裁判所で争うようにしてくれませんか。今回指揮をとっている検事正は〝鬼の吉永〟といわれていて、検察庁でも有名な恐い人なんですよ。お願いしますよ！」と懇願された。宗像検事はこれ以上の政局の混乱は避けたいとも考えていたようだった。結局、藤波先生にご迷惑がかかると思いつつも、私は次のような趣旨の調書に署名をしてしまった。

就職協定が遵守存続され青田買いが無くなることが、私共会社の営業にとって重要なことでした。そのような訳で昭和五九年から六〇年頃にかけて私共はこの就職協定を遵守存続させる為に各方面への働きかけを計画しこれを実行しておりました】(前同書)

【翌五月七日夜。再び宗像検事は「調書の取り直しをしたい」と言った。

「池田から謝礼の言葉を言われたことにし、藤波には徳田英治ではなくて君が直接電話をかけたことにする。その代わり中曽根は外す。この三点セットでどうだ」

「藤波の秘書の徳田に一〇回ぐらい聞いたが、江副からは電話を受けていないと言っている。君と池田、君と藤波をつなげるようにと検事正から言われた。頼む！」

宗像検事はかなり追い込まれた様子で「この三点セットで頼む。早く政局の混乱を収めたい」と繰り返し私に迫ってきた。

しばらく沈黙があって検事は言った。

「フランス映画の終わりにＦＩＮという文字が出てくるでしょう。知っていますか」

「知っています」

「藤波、池田、中曽根のイニシャルをとって、ＦＩＮ。この三点セットに応じてもらって、リクルート事件の捜査をＦＩＮにしたいんですよ」

宗像検事は洒落たユーモアを言う人で、フランクで誠実、人柄がとてもいい。私は宗像検事の苦悩に感情移入して、もはや抵抗できない心境になり、次のような調書に署名した。

私から、直接、藤波先生に藤波事務所か、議員会館に電話をして『近々リクルートコスモス株が店頭公開されますので、先生に一〇〇〇〇株お持ちいただきたい。詳しくは小野を先生の秘書の所へ行かせますのでよろしくお願いします』と話をいたしました】（前同書）

法廷でも、江副氏が「私（注：「宗像検事」を指す）がお願いした」と証言したので、「私は被疑者にものは頼まない」と言いました。そのとき傍聴席が一斉に笑いに包まれたということがありましたが。

ちなみに、私の同年四月三十日の日記には、

「東京拘置所で取り調べ。藤波関係、自白。『代議士の首を一人差し出したのですから握手してください』と江副言う。握手は断った」

と記してあります。

## 「FIN」か「FINE」か、それが問題だ！

「FIN」については、江副氏の言うように、同年五月七日の東京拘置所で取り調べた際の江副氏の雑談の中で、私は「FIN」という言葉を使ったようです。これはフランス映画の最後に出てくる、英語の「THE　END」、すなわち「終わり」を意味する言葉です。「ようです」と言ったのは、私の記憶と少し違うからです。私の記憶では、「FIN」ではなく、同じ意味でも、イタリア映画の「FINE」を使ったと記憶しているからです。たしかに、Fは藤波孝生元官房長官、Iは池田克也元衆議院議員、Nは中曽根康弘元首相ですが、それにプラスEとは江副氏のことです。法廷でも、江副氏が、私が「FIN」という言葉を使ったと追及したのに対して、私は「FINE」といった覚えがあるというやりとりがありました。

江副氏は、同書の「はじめに」で次のように書いています。

【本書は私が書いたものであるから、私にとって都合のよいように書いているところも少なくない。本件を、もし検察側が『リクルート事件・検察の真実』として書けば、別

の内容の読み物になるであろうことも、お断りさせていただきたい】（前同書）

「私にとって都合のよいように書いているところも少なくない」というのは、江副氏の正直な人間性を表しているのでしょう。

たしかに江副氏の言うように、「被告人の真実」と「検察側の真実」とは対立することもあるのです。私は本書で、公開できる限りで、その「検察側の真実」を書いているつもりです。

一つ、私のほうから「リクルート事件・宗像紀夫の真実」の例をあげておきます。

一審判決が出た二〇〇三（平成十五）年三月四日の数日後のことですが、名古屋高検検事長だった私のもとに、江副弁護団の何人かが訪ねて来ました。来訪の目的は、「検察が控訴しないように取りはからってほしい」というものでした。

江副氏は一審で懲役三年、執行猶予五年の判決を受けていました。それに対して、検察側は控訴するかどうかを検討していました。事件の主任検事として、私も意見を求められる立場でした。検察側が控訴すれば、二審で実刑判決になる可能性もあります。江副氏側はそれを恐れていたのでしょう。

もし、江副氏が著書で主張するように、無実にもかかわらず無理に自供させられたというのであれば、江副氏側から控訴しても最高裁まで戦うべきでしょう。しかし、検察側に控訴しないように働きかけて、一審の執行猶予付きの判決を確定させようとしたのです。私は、この事実が多くのことを示していると思います。

最後の取り調べ段階のころのことですが、外部の人から「あなた方は今、日本に残された最後の良心です。頑張ってください」という投書が来たことがあります。これを読んだときには、一生懸命に捜査、取り調べをやっているだけに、涙が出るような思いで、疲れがとれたと感じたものです。

いずれにしろ、どちら側に立って見るかによって、見方は変わってきます。真実がどうなのかは、読者にゆだねたいと思います。

## 「北北西に進路を取れ」という映画を見ていなかった司法記者たち

余談になりますが、私たちの世代の娯楽は映画鑑賞でした。だから、雑談などでも、昔の名画のことがよく出てきます。

リクルート事件で強制捜査が始まる前、私のところにもマスコミの司法記者がやってきて、「そろそろ強制捜査が始まるようだが、どのルートから入るのか、文部省か、労働省か、NTTからなのか？　たとえば、ここ（検察合同庁舎）から一番近い所からなのか、何かヒントがあれば教えてほしい……」としつこく聞かれました。

その時、私は記者を前にして、こうつぶやいたのです。

「物理的な距離とは別に心理的な距離というものもある。遠く離れれば離れるほど思いが募るということもある。そう言えば、昔『北北西に進路を取れ』というヒッチコックの映画があったなぁ」と。

その心とは……。「北北西」というのは、英語で言えば「North-NorthWest」。略すと「NNW」。暗に「NTT」ルートからですよという含意、シャレだったのですが、それに気づく記者はいませんでした。一九五九（昭和三十四）年の映画ですから、当時の司法記者も、見たことがなかったのかもしれません。

## なぜ、藤波孝生元官房長官が立件されたのか

ともあれ、江副氏は自らの著書でいろいろと反論していますが、リクルート事件では、多くの政治家に大量の未公開株がばらまかれていたことはまぎれもない事実です。

贈収賄罪として立件するには、未公開株を譲渡することが賄賂になるのかどうかが問題です。さらに、受け取る側に職務権限があるのかどうかを分けて行くことになります。そして職務権限があるだけではなく、贈る側が何か物事を頼んでいないかどうかが立件でき

るかどうか、起訴できるかどうかの分かれ道になります。

法律的にいえば、「請託があったかどうか」です。

そうした縛りをかけて取り調べていったのです。さらには、政治家本人へ株が流れたのか、秘書に流れたのかが問題です。

政治家の名前はマスコミ報道で、いっぱいあがってきました。本人や秘書名義での未公開株譲渡などで、自民党では、中曽根康弘、宮澤喜一、竹下登、安倍晋太郎、森喜朗、渡辺美智雄、加藤六月、加藤紘一、野党では民社党の塚本三郎の各氏など、大物政治家の名前が次々とあがってきました。本人や秘書名義で未公開株を譲渡された国会議員は一六人におよびます。そのうち三人は株譲渡判明時点ですでに時効でした。

しかし、立件できたのは政治家では藤波孝生元官房長官と池田克也元公明党代議士だけです。

藤波孝生元官房長官についていえば、江副氏が公邸に行き、個別的に請託をしているという事実をつかみました。しかも株の売買益から藤波氏自宅の購入資金へというカネの流れをつかみました。秘書への株の売買なら、そんな私的使用はあり得ない話です。あとでも述べますが、藤波氏の場合、中曽根氏とは違い、脇の甘い部分があったのです。

こうしたことをすべてつかんだ上で、関係者に自白をさせるのです。「自白があっても証拠物がないではないか」と言われることがありますが、われわれは、そうした物証捜査と流れを解明したうえで捜査を進めていっているのです。とはいえ、この事件は法律的にも事実的に非常に難しい事件でした。

マスコミなどには、「なぜ中曽根までやらないのか」「大山鳴動して鼠二匹」などと批判もされました。しかし、私からすれば、「マスコミはよく言うよ」という思いでした。

そもそも贈収賄事件というのは、受け取る側に職務権限がなければ成り立たないのです。その中で、当時の藤波官房長官の立件・起訴までたどり着いたのだから、普通は「よくやった」と言われてもいいところなのに、マスコミのほとんどが「頂点に届かず」といった論調でした。

マスコミや世間は、検察に過剰な期待をしていたわけです。私は「証拠がなくても起訴していいのならばやるよ。その代わり野党議員も、株をもらった人は全部起訴されるよ」と言ったりしていたのですが……。マスコミの煽りに、むやみに迎合することは危険でしょう。

## なぜ中曽根元首相までたどり着けなかったか

リクルート事件は複合的な事件です。すでに述べたように、NTT、文部省、労働省、政界と四つのルートがあり、特捜部は、そのすべてについて捜査を進めました。

ことに世間の期待としては、不正に関与した政治家をもっと多く捕まえて、時の政権をひっくり返すくらい、やってほしいと望んでいたのでしょう。とりわけ、中曽根さんは、「元首相」で、「不沈空母」発言や改憲論者だったこともあり、「タカ派」嫌いの一部マスコミは標的にしていましたから尚更だったのでしょう。

しかし、実際、当時の政権はひっくり返っているのです。

竹下登総理のときに事件が表に出て、リクルート問題で竹下総理は辞めざる得なくなっています（一九八九年四月二十五日退陣表明）。なぜ辞めなければいけなかったといえば、竹下氏のところに江副氏のところから五千万円のお金が行っていることがわかったからです。これは一応、貸借で借用書が入っていたことで収賄罪にはならなかったのです。

政界ルートの捜査は一九八九（平成元）年三月から五月かけて集中的に展開しました。とりわけ、中曽根康弘元首相（上和田義彦秘書と筑比地康夫秘書ら）に譲渡された未公開株が約二万九千株と突出して多く、その他、宮澤前蔵相一万株、竹下首相秘書二千株でした。

世間では、中曽根氏が立件されるかどうかに大きな関心が向けられていました。

当時の私は日記に次のようなことを記しています。


「三月十二日　中曽根前総理の秘書官に電話。上和田、出頭ＯＫ。いい天気である」

「四月十日　検事等の努力で、事件の真相がおぼろげながら見えてきた。政治家へのカネの流れは、どうもリクルート社が存続を強く希望していた就職協定をめぐって動いているように見える。文部省や労働省への株譲渡や接待も、この趣旨が絡んでいると思われた」

「四月十五日　今日から政界ルートを攻略。ターゲットは中曽根など四～五名。収賄、政治資金規正法違反」

リクルートがやっていたことは、時の政権と強く結びついて、政府全体を買収してしまうようなものです。解明すべきは、株をばらまいたときに首相だった中曽根氏を頂点にして、リクルートと政権の間にどういう癒着、不正があったのかということでした。

中曽根氏は、さまざまな事件で「塀の上を歩いている」と言われていたほど、疑惑の対象になっていました。すでに述べた一九七二年の殖産住宅事件、一九七六年のロッキード事件、一九七八年のダグラス・グラマン事件などでも関与が疑われていました。その意味では、特捜部と中曽根氏には長年の因縁がありました。

そこで、中曽根氏関与の解明の近道として、中曽根政権時代の官房長官だった藤波氏への疑惑解明を先行させたのです。藤波氏と中曽根氏は首相と官房長官という関係だけでなく、文字通り、藤波氏が中曽根氏の側近であったからです。

ただし捜査を進めるうえでは、あくまでも藤波氏は藤波氏、中曽根氏は中曽根氏です。立件できるかどうかは、証拠があるかないかの一点で決まります。ですから、「藤波氏は中曽根氏の身代わりになった、人身御供だ」などと言われていたことについては、ここではっきりと否定しておきます。

藤波氏の場合、江副氏が接触して物事を頼んだ請託の事実やその中身が具体的に出てきたのですが、中曽根氏の場合には、そういう事実が出てこなかったのです。

中曽根氏の秘書の上和田氏の事情聴取は検察庁に出頭してもらいました。事情聴取は検察庁に来てもらうのが基本ですが、マスコミが張り付いていて、相手から「別のところで」と要望された場合には、「そちらでホテルなどをおとりになるのならば、伺いますよ」と対応します。このときは、マスコミにも気づかれませんでした。記者たちは「大物秘書を、目につく検察庁に呼ぶことはない」と思って油断していたのでしょう。

## 中曽根氏に関しては江副氏の口が堅かった

中曽根氏の疑惑は次の三点でした。

1　NTTが米クレイ社から購入したスーパーコンピュータをリクルートへ転売した際

に、アメリカからの購入とNTTへの働きかけを江副氏から請託されたのではないか。

2　政府税制調査会の特別委員に江副氏を入れるように請託を受けたのではないか。

3　中曽根氏の諮問機関「臨時教育審議会」がリクルートに有利な「就職協定順守」の答申を出すように請託を受けたのではないか。

これらの謝礼として、中曽根首相在任中の一九八六年九月三十日、リクルートコスモス未公開株を、上和田秘書名義で三千株、筑比地秘書名義で二万三千株、他に政治団体会計責任者に三千株譲渡されました。藤波氏の徳田秘書に渡ったのが二千株ですから、いかに多くの株が中曽根氏側に渡ったかがわかります。

1については、スーパーコンピュータの輸入は、日米貿易収支のアンバランス是正のため米レーガン政権との交渉で決まって、通産省のアクションプログラム（日本の巨額の貿易黒字の原因が、輸入規制のためであるとする諸外国の批判に対応し、日本みずから国際化の意向を内外に示すため市場開放の行動計画を示すべきであるという対外経済問題諮問委員会の指摘を受け、一九八五年七月に中曽根政権下で策定されたもの）にそって政策決定されたものでした。通産省に専従の検事を派遣して調査しましたが、中曽根氏あるいは政府が動いて、リクルートに便宜を与えたということは解明できませんでした。

２については、中曽根氏が「暴れ馬を入れろ」と、江副氏ら民間人を入れるように指示した事実はあったのですが、「江副氏を入れろ」と指名したところまではたどり着けませんでした。３の臨教審についても同様でした。

贈収賄事件は、職務権限、便宜供与、カネの流れという三要素で成り立ちます。一般にカネの流れはつかめても、職務権限や便宜供与に結びつけることが難しいのです。中曽根氏の場合には、カネの流れがはっきりしなかったのです。

もっと捜査に時間をかけることができれば、立件できたかもしれません。しかし、私たち特捜の捜査は時間との闘いです。捜査に関しては、内偵期間を含めておよそ半年から一年というのが目途です。事件は次々と起こりますから、一つの事件にだけかかわっているわけにはいきません。時効もあります。

上層部から「五月二〇日ころまでに捜査を終結する」という方針が打ち出されていました。私たちは、すでに着手済の案件を仕上げる作業で手一杯という状態でした。

さらには、贈収賄の立件には、贈賄側の供述が不可欠ですが、贈賄側の江副氏の口が堅かったこともあります。「中曽根さんのことは勘弁してください」というのが彼の一貫した姿勢でした。「もう藤波氏のことを言ったからいいじゃないですか。首を一つ差し出したのですから。将来の総理大臣候補を一人つぶしてしまった。とんでもないことをしゃべってしまった」と、嘆いていました。

ついでに触れておくと、中曽根氏よりも立件の可能性があったのは、やはり灰色議員だった加藤六月元農相です。加藤氏については、岩手県安比高原のスキー場建設に絡む保安林解除をめぐっての政治工作疑惑があり、これについては、職務権限と便宜供与が具体的に解明できていました。

立件できるかどうか、瀬戸際の判断でしたが、カネの動いた時期と行為の時期にズレがありました。加藤氏はロッキード事件でも「灰色高官」とされた人でした。証拠に基づき、慎重に捜査するのが基本ですから、結局、立件を見送りました。もっと大胆な指揮官のいる特捜部ならば踏み込んだのかもしれませんが。

## 宮澤前蔵相に江副氏から五千万円の裏金が送られていた

また当時の日記で、宮澤氏については、次のように書いています。

「(四月中旬) 宮澤前蔵相に六十二年あの江副から五〇〇〇万円が裏の金として送られている事実を摑んだ。これは絶対に口外できない事実だ。しばらく部長に話すかどうか様子を見る」

当時副部長だった私が部長に隠しているのです。それは、マスコミに万が一漏れると困るからです。

さらに、

「宮澤にはあと一一〇〇万円、江副からいっている。リクルートコスモス社から宮澤の関係に、何千万円の献金がいっている。リクルートの融資過剰問題と大蔵の行政指導がいっている。便宜供与ではないのか。中曽根はどうか、これを摑みたい」

ともあります。

宮澤氏は一九八八（昭和六十三）年十二月、この未公開株譲渡問題で副総理兼蔵相を辞任しました。中曽根氏同様に宮澤氏についても立件には至りませんでした。

一方野党側ですが、野党議員のほうが、政治家として収賄事件は立てにくいのです。政権与党ではないので職務権限がないからです。野党議員の場合は、過去の例を見ても、職務権限の行使として国会質問の内容で捉えて立件しています。

このときの未公開株を譲渡された公明党の池田克也衆議院議員（当時）の場合、国会質問案がリクルート側に残っていたのです。就職協定をめぐって、リクルート側が「こういう問題があるようだがどうか」といった質問を国会でしてほしいと頼み、さらに、その質問事項をリクルート側がつくってあげていたのです。そのやり取りのＦＡＸなどをすべて証拠物件として押収しています。

社会党の上田卓三衆議院議員（当時）は、リクルートコスモスの未公開株の譲渡先の一人であったことが判明して、一九八八年十一月に一度は議員を辞職しましたが、二年後の衆議院選挙で復活当選しています。

民社党の塚本三郎衆議院議員（当時）は、秘書が未公開株を譲渡されていたことが発覚しましたが、民社党委員長を辞任しただけでした。

## 青木秘書自殺により竹下首相追及は頓挫

竹下登首相が退陣表明したのが、一九八九（平成元）年四月二十五日ですが、その翌二十六日に竹下首相の金庫番といわれていた青木伊平秘書が自殺しました。

竹下氏側への二千株の未公開株の名義人は青木秘書になっていました。青木氏はさらに、竹下氏の親戚に渡った一万株の名義人にもなっており、パーティ券購入など一億五千万円の受領窓口を引き受けた人でもあり、最終的に首相退陣の引き金になったリクルートからの五千万円借り入れの名義人にもなっていました。そういうこともあって、特捜部は、青木秘書には四〜五回事情聴取を行っていました。

リクルートからの五千万円の借り入れについては、特捜部は青木氏を聴取し事務所の出納記録なども調べ、「事件性なし」と判断し青木氏にも伝えました。この件について、青木氏から「公表すべきか」と相談されたので、特捜部としては「あなたたちの判断次第」と伝えました。

それもあって、竹下氏側はこれについて公表しなかったのです。しかし、竹下氏が国会で「リクルートとはこれ以上のカネのやりとりはない」と答弁した十一日後の四月二十二日に、五千万円の借り入れが判明し、これが退陣の引き金になったのです。

私が青木氏の自殺を知ったのは、四月二十六日朝、副部長室でコーヒーを飲みながら、新聞を読んでいるときでした。時事通信の司法担当記者が部屋に飛び込んできて「竹下の秘書が自殺を図ったようです。どうも死んだらしい」と、私に知らせてくれたのです。

青木氏にしてみれば、自分が、ボスである竹下氏の首相退陣のきっかけをつくってしまったという強い負い目を背負ったと判断したのでしょう。また、私をはじめとする検察からの厳しい追及を受け、そうした精神的重圧もあったのでしょう。

リクルート事件は、たんに未公開株を譲渡して利益を与えたという事件ではなく、政治家や高級官僚の職務権限を利用するリクルート側と、そのリクルートから多額のカネを引き出す政治家・官僚の癒着構造が生み出した事件です。

それを解明する上でのキーマンの一人である秘書の青木氏の自殺は、それまで進んでいた真相究明を困難にし、さらに当時の最高権力者の疑惑が捜査線上から消えることを意味しました。

疑獄事件解明の途中で自殺者が出ることは稀ではありません。しかし、直接担当していた調査対象者に自殺されるほど、担当検事にとって痛恨なことはありません。事件解明の大きな阻害になるだけではなく、検事にとっても大きな傷、トラウマになります。自分の調べに何らかの落ち度、配慮の無さがあったのではないかと……。

後述しますが、私もダグラス・グラマン事件の捜査の際に取り調べを担当していた、疑惑のカギを握る日商岩井の常務（島田三敬氏）に自殺されたという苦い体験があります。大きな責任も感じます。そのとき、私自身、辞表を出したのですが、引き止められました。

そんな体験があるので、すぐに青木氏の担当検事を呼んで「きみの責任じゃないよ」と言い聞かせたのです。いずれにしろ、捜査対象者には細心の注意を払う必要があります。

私が青木秘書の自殺を知ってから一時間ほどして、吉永検事正から電話があり、「NHKで聞いた。江副の身に何か起こるとまずいから、注意するように」と指示がありました。すぐに東京拘置所に「江副氏を二十四時間監視カメラが付いている独房に移す」ように命じました。

当時、私は日記に次のように記しています。

「四月二六日水曜日。雷雨。竹下首相の元秘書、青木伊平が死去。大騒ぎ。なぜ死んだのか。検事正より、東京拘置所の江副らに気をつけるように指示がある。二四時間監視体制とする」

「青木は四月の二一、二二、二四日聴取。藤原検事担当。捜査のミスではない。五〇〇〇万円借金が発覚したためと思われる」

「それにしてもこの種の事件につきものの人の死。グラマン事件の島田氏を思い出した」

島田三敬氏の取り調べ資料

前日の日記も参考のため掲載しておく。

「四月二五日火曜日、晴。竹下首相退陣を表明。リクルート事件のけじめをつけるためと見られる。文字通り平成の大疑獄となってきた。仕事が一段落した午後七時半、東京拘置所へ江副の調べに出かける。二時間ほど藤波関係のことを調べる」

## 裁判後、江副氏から贈られてきたオペラチケット

私のいまの交友関係には、かつての「敵」も含まれています。

江副氏の本では、私の取り調べに関して、すでに述べたように、いろいろと見解が違う見方が随所に見られます。

江副氏は二〇一三（平成二十五）年に亡くなりましたが、江副氏のことを書いた『江副浩正』（馬場マコト、土屋洋）という本に、亡くなる二カ月くらい前の江副氏と私との写真が載っています。著者は二人ともリクルートに勤めていた人です。その写真はコンサートホールでお会いしたときのものです。著者の一人の馬場マコト氏が、「ぜひその写真を入れたい」と言ってきたのです。

私は名古屋高検検事長を最後に退職して、中央大学法科大学院教授・弁護士になってからは、趣味のオペラやクラシック音楽のコンサートに妻と頻繁に出かけるようになりました。江副氏はといえば、オペラ愛好家で、晩年の江副氏は、オペラの興行団体を立ち上げたり、新国立劇場東京オペラシティの支援にも尽力したりしています。何度か江副氏からコンサートのチケットが送られて来たので（これは賄賂にはなりません。社交儀礼の範囲内です！）、そんな折にはしばしば江副氏と顔を合わせたものです。

お会いすると、江副氏は笑顔でいたずらっぽく、私を「宗像主任検事さん」と呼んだものでした。捜査当時のことに話が及ぶと、「あのときはお世話になりました。取り調べはきつかったですね」「江副さんは粘り強い人でしたね」などと、しばし和やかに会話を交わしたものでした。

実際、江副氏は、悪く言えばしぶといし、よく言えば、粘り強いということができます。ものごとを諦めない。その精神力で取り組めば、たしかに事業も成功するでしょう。ですから、リクルートをあれだけの大きな企業にすることができたのです。

もし江副氏があんな事件にかかわらず、その後も経営者として腕を振るっていたら、どうなっていたでしょうか。かなりの業績をあげたのではないかと思います。そういう意味では、特捜部が彼を逮捕して立件したことによって、有能な経済人を一人つぶしてしまったということもできるかもしれません。

今、後輩たちが、日産ゴーン会長に対して行なっている捜査、起訴、裁判の結果がどうなるのか。裁判確定後、私と江副氏とのような交友が可能になるのかどうか……。気になるところです。

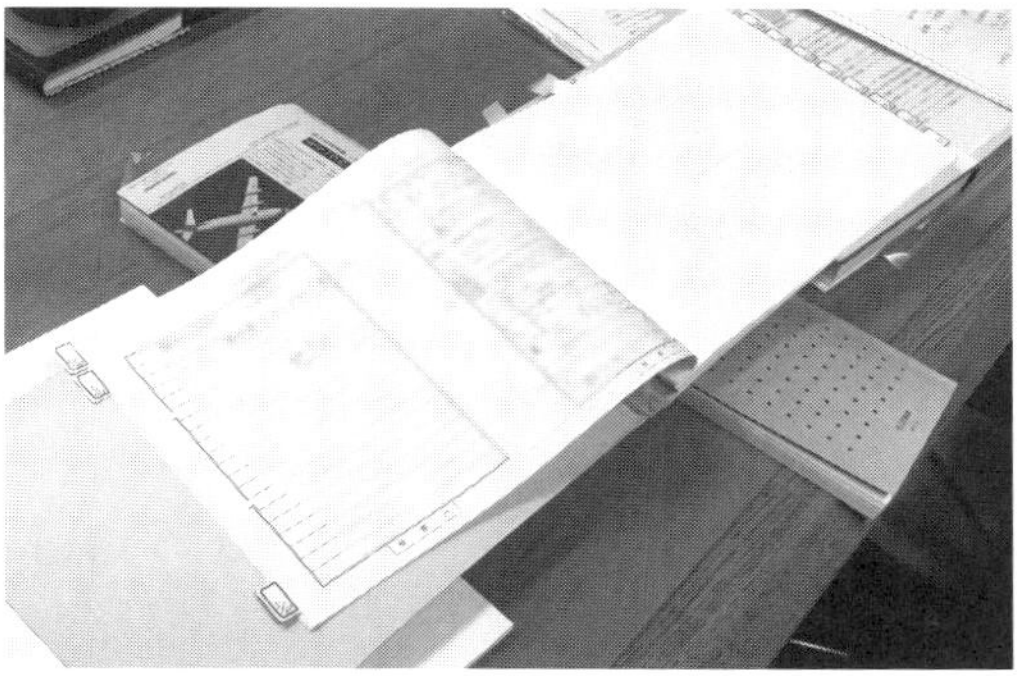
江副浩正氏の取り調べ資料

## 藤波氏の立件・起訴は検察（私）の失敗作？

藤波元官房長官については、リクルートの関係者が官房長官室に行って、五百万円、四回とリクルートコスモスの未公開株を渡しているという事実が固まっていました。一番大事なのは、どういう趣旨でお金をあげたか、どういう趣旨で儲かる未公開株を譲渡したか、ということです。

この政治家には譲渡しているけれど、他の政治家には譲渡していないということは、何らかの関係があった特別な人に譲渡しているわけです。それは何を期待して、何をして欲しかったのか、会いに行ったときに何を頼んだのかが問題になります。そこで、就職協定の問題で、国側がこうやってくれると、民間も非常に助かるという流れです。

リクルート側は、官房長官にもそういった支援をやって欲しいし、人事院にも助けて欲しかったのです。ですから、リクルート側が頼みに行ったときに、藤波氏が「それは人事院（の領域）ですな」と言って、暗に「人事院を動かしてやる」と答えています。

ただし、藤波氏の立件・起訴（在宅）については、検察（私）の失敗作だったのではないか、とも言われてもいます。結果として、有力な次期（総理）候補をつぶしてしまったからです。

また、裁判でも、受託収賄罪で起訴したものの、一九八九年十二月の東京地裁では無罪判決が出てしまいました。

その後、われわれ検察側の反論などを東京高裁が認め、藤波被告には、懲役三年、執行猶予四年・追徴金四千二百七十万円の逆転有罪判決が出て、最高裁でも藤波氏の上告は棄却され、有罪が確定しました。

政治家としての影響力は失いましたが、藤波氏は一九九三（平成五）年の選挙では落選したものの、一九九六（平成八）年には復帰し、二〇〇三（平成十五）年まで衆議院議員を務めました。二〇〇七（平成十九）年に亡くなりました。

藤波氏は「孝堂《こうどう》」の俳号で多くの俳句を残した文人政治家としても知られていますが、その藤波氏を追及する側、される側として遭遇することになったのは残念でした。裁判後、江副さんとのような交友は、藤波氏との間にはありませんでした。

余談ですが、名古屋高検検事長のとき、伊勢参りに行った折に、藤波さんの実家である藤屋窓月堂で利休饅頭を買いました。晩年の藤波氏は糖尿病を患っていたということですが、まだご存命のときで、もしかして奥から本人が出てくるのではないかと、ドキドキした覚えがあります。もし出てきたら……。江副氏とは違って、生真面目な藤波氏ですから、笑顔でいたずらっぽく、私を「宗像主任検事さん」と呼んだりはしなかったでしょうが……。

**リクルート事件の経過**

・一九八四（昭和五十九）年十二月〜　リクルート社江副浩正会長が子会社リクルートコスモスの未公開株を政界、官僚、通信業界有力者などに譲渡。

・一九八六年十月三十日、リクルートコスモス株が店頭公開、譲渡された者の売却益は合計約六億円とされている。

・一九八八（昭和六十三）年六月十八日　川崎市助役へのリクルートコスモス未公開株譲渡疑惑発覚（朝日新聞報道）。

・同年七月　中曽根康弘前首相、竹下登首相、宮澤喜一副総理・蔵相、安倍晋太郎自民党幹事長、渡辺美智雄自民党政調会長、森喜朗衆議院議員（いずれも当時）らにもコスモス株が譲渡されていたことが発覚。

政府税制調査会特別委員を務めていた公文俊平にも一万株が譲渡されていたことも発覚。森田康日本経済新聞社社長（当時）も、未公開株譲渡で八千万円の売却益を得たことが発覚し社長を辞任。

・同年九月五日　社民連の衆議院議員楢崎弥之助がリクルートの事件関係者を告発す

る記者会見を開く。同日夜に議員宿舎での松原弘リクルートコスモス社社長室長との会談のビデオ映像が日本テレビで全国放送された。

・同年十月十九日　東京地検特捜部がリクルート本社、リクルートコスモス社、リクルートコスモス社社長室長自宅を家宅捜索。

・同年十月二十九日　藤波孝生元官房長官、真藤恒NTT会長（当時）、高石邦男前文部事務次官、加藤孝前労働事務次官へのリクルートコスモス株譲渡が発覚。

・同年十一月十日　東京地検特捜部は捜査開始を宣言、リクルートコスモス社社長室長を贈賄申込罪で起訴。

・同年十一月二十一日　衆議院リクルート問題調査特別委員会において、江副浩正リクルート社元会長、高石邦男前文部次官、加藤孝前労働次官を証人喚問。

・同年十二月九日　宮沢喜一蔵相が辞任。

・同年十二月十二日　真藤恒NTT会長が辞任。

・一九八九（平成元）年二月十三日　江副浩正リクルート社元会長逮捕、小林宏ファーストファイナンス副社長、式場英、長谷川寿彦元NTT取締役を逮捕。

・同年二月十七日　加藤孝労働省事務次官の側近の元労働省課長を逮捕。

・同年三月六日　真藤恒前NTT会長を逮捕。

・同年三月八日　加藤孝元労働事務次官、辰巳雅朗元リクルート社社長室長を逮捕。
・同年三月二十八日　高石邦男元文部次官を逮捕。同日に真藤恒前会長、加藤前次官らを起訴。
・同年四月二十五日　竹下登首相、リクルート社からの五千万円借金が明らかになり、首相退陣表明。
・同年四月二十六日　青木伊平元竹下登在東京秘書、自殺。
・同年五月二十二日　藤波孝生元官房長官、池田克也元衆議院議員を在宅起訴。
・同年五月二十九日　東京地検特捜部、捜査終結宣言。
・同年六月二日　竹下内閣、総辞職。
・一九九〇年十月九日　真藤恒元NTT会長、一審で懲役二年、執行猶予三年の有罪判決、確定。
・一九九二（平成四）年　加藤孝元労働事務次官、一審で懲役二年、執行猶予三年で有罪判決、確定。
・一九九四（平成六）年　池田克也元衆議院議員、一審で懲役三年、執行猶予四年の有罪判決、確定。

・一九九九（平成十一）年十月二十一日　藤波孝生元官房長官、最高裁が弁護側の上告を棄却、懲役三年、執行猶予四年の有罪確定。

・二〇〇二（平成十四）年十月二十三日　高石邦男元文部次官、最高裁が弁護側の上告を棄却、懲役二年六カ月、執行猶予四年の有罪確定。

・二〇〇三（平成十五）年三月四日　江副浩正元リクルート会長、東京高裁で懲役三年、執行猶予五年の有罪判決　同年三月十八日　検察側、弁護側双方控訴せず判決確定。

第三章

# 角栄裁判(ロッキード事件)は暗黒裁判に非ず

## 米国発の「ロッキード事件」

ロッキード事件は、田中角栄元総理（一九七四年十二月内閣総辞職）が金脈問題で首相を辞任した約一年三カ月後の一九七六（昭和五十一）年二月に発覚しました。

発端は、アメリカ議会上院で行われた上院外交委員会多国籍企業小委員会公聴会です。全日空にロッキード社の大型ジェット旅客機、通称トライスター（「三つの星」の意味）（L－1011）が納入された約二年後のことです。

この公聴会で、ロッキード社が、全日空をはじめ世界各国の航空会社にトライスターを売り込むため、同機の開発が行われていた一九七〇年代初頭に各国政府関係者に巨額の賄賂をばら撒いていたことが明らかになったのです。

日本の全日空に対する工作も行われ、全日空への工作費は約三十億円だったといわれています。

さらにその後公聴会における、アーチボルド・コーチャン・ロッキード社副会長とジョン・ウイリアム・クラッター・元東京駐在事務所代表の証言によって、トライスター売り込みのためのコンサルタント料として、政財界の黒幕といわれていた児玉誉士夫《こだまよしお》氏に渡した七百万ドル（約二十一億円）が、児玉氏からその友人である小佐野賢治《おさのけんじ》国際興業社主（当時）や日本におけるロッキード社の販売代理店の丸紅などを通して、当時の田中角栄総理に対して五億円が渡ったことが明らかになったのです。

これはすなわち民間旅客機売り込み工作に、日本の現職の総理大臣もかかわっていたということです。その内容は、現職総理が丸紅幹部からロッキード社のトライスターを全日空に売り込むに際して請託を受けて、その謝礼として五億円を受け取ったというものです。すなわち、現職の総理大臣などの贈収賄事件、政治家の権力犯罪と見られたわけです。

ロッキード事件をリアルタイムで覚えている方は、もう五十歳以上の世代でしょうが、この五億円が段ボールに入れられて、四回に分けて運ばれたというエピソードを思い返される方が多いのではないでしょうか。

また、ピーナツという言葉も話題になりました。丸紅側がロッキード社に出した領収書などを見ると、ピーナツという単位が書いてあったのです。ピーナツ一個とは百万円のことで、百ピーナツというと一億円。そういう暗号が使われて話題にもなったものです。

この捜査には、当時の記録によると、検事五十人がたずさわり、参考人四百七十人を取り調べ、十八人を逮捕しています。捜査期間は約三百二十日、すなわち約一年がかりの捜査でした。これほどのエネルギーを注がないと、一国の元総理の犯罪を捜査することなどはできないのです。

政治家では田中元総理のほか、佐藤孝行元運輸政務次官や橋本登美三郎元運輸大臣（ともに当時）の二名の政治家を逮捕しました。

さらに若狭得治全日空社長（当時）以下数名の役員や社員、ロッキードの販売代理店の丸紅の役員と社員、児玉誉士夫氏や小佐野賢治氏などを逮捕しています。

田中元総理のように公判が最高裁係属中に亡くなった人もいますが、そうした例以外は、みな有罪が確定しています。

この捜査が進んだ段階で、児玉誉士夫氏の元通訳の福田太郎氏や田中元首相の運転手・笠原正則氏、そして事件を追っていた日本経済新聞の高松康雄記者が急死するなど、マスコミや国民から、「証拠隠滅のために、抹殺されたのではないか」などという憶測を呼ぶような出来事もありました。

## ロッキード事件では控訴審公判を担当

私はロッキード事件捜査のころは、まだ若手の捜査検事でしたから、全体像はまったくわかってはいませんでした。それまで、前述したとおり、福島地検で福島県知事の収賄事件を手掛けていて、東京のロッキード事件がほとんど終わりに近いころに、東京地検特捜部に異動してきたからです。

この「福島県知事事件」について簡単に触れておきますと、一九七六（昭和五十一）年に福島地検が摘発した木村守江福島県知事の汚職事件です。土地開発に絡んだ現金八百万円の収賄罪容疑で、同年八月六日に逮捕しました。木村氏は八月十一日には知事を辞任しています。一九七九（昭和五十四）年、仙台高裁で懲役一年六カ月、執行猶予五年の判決が確定しています。公選知事としては初めて有罪になった事件です。

東京地検の特捜部に異動してからは、ロッキード裁判の控訴審公判を三年間担当しました。その体験は特捜検事として非常にいい勉強になりました。控訴審では、田中元総理側の弁護士が、当時の田中氏の運転手のアリバイを主張したので、そのアリバイ崩しに奔走したのが懐かしい思い出です。

この事件は、特捜部が扱った事件の中でも最高峰であったと思います。あとで詳しく述べますが、最近、無理な取り調べや証拠ねつ造など特捜部のあり方が問題になっています。そんな無理な捜査が起こるのも、このロッキード事件や、前章で取り上げたリクルート事件など、過去の特捜部の華やかなりしころのことが、かえって呪縛《じゅばく》になっているのではないかなどと、私はうがった見方をしてしまうのです。

そうした大物逮捕に匹敵する「業績」を挙げないと、伝統ある東京地検特捜部の「名声と伝統」が薄れてしまうというあせりから、無茶なことをしでかしたのではないかと考えるわけです。

## 「角栄裁判」に於ける「嘱託尋問調査」をめぐる大論争

ともあれ、裁判の経過についてお話ししましょう。この裁判では高度の法律問題がありました。それは「証拠能力」という問題です。

ロッキード社のコーチャン、クラッターという幹部だった両氏に、日本の検察が刑事免責を与えたうえアメリカで証人尋問を行い、取ってきた証拠が日本の裁判で使えるのか、その嘱託尋問調書が証拠になるのかという大問題です。

嘱託尋問調書とは、日本の検察がアメリカの司法機関に委託して、コーチャン、クラッターなどの尋問調書をとったものです。その際、彼らを免責扱いし、また、彼らに対する「反対尋問」を日本の法廷では行なえないことになるわけです。最高裁が「宣明書」なるものを出して、事実上、彼らを免責扱いすることを「保証」しました。

そのため、当時、これを東京裁判以上の暗黒裁判だ、東京裁判でさえ、反対尋問ができたのに、角栄裁判ではそれもできないとは何事だと批判する声がマスコミの一部にありました。

二〇一七年に亡くなった渡部昇一さんは法律の専門家でもない英語学者でしたが、『「角栄裁判」は東京裁判以上の暗黒裁判だ！』（「諸君！」一九八四年一月号）という論文を書き、そういう指摘をしました。

その後、左翼系の弁護士だった石島泰氏や井上正治氏も「諸君！」に登場し、法律家の立場から、同様の主張を展開しました。

石島泰氏『「角栄裁判」は〝司法の自殺〟だ――日本一の刑事弁護士が有罪判決を鋭く批判する』（「諸君！」一九八四年五月号）

井上正治『日本の刑法学の泰斗が批判する――「角栄裁判」は主権の放棄だ！』（一九八四年六月号）。その後、井上氏は『田中角栄は無罪である。』（講談社）という本まで上梓しています。

そういう批判を当時、私はもちろん一読していました。しかし、そういった批判は、木をみて森を見ない議論であり、短絡的思考だと考えました。

## 「嘱託尋問調書」なしで有罪に

「宣明書」に関しての判断を最高裁はずっと先延ばしにしていましたが、最終的には、贈賄側の裁判では、「証拠能力なし」という判断をして、著名な判例になっています。

すなわち、丸紅ルートの最高裁では共犯者に刑事免責を与えた上で得た供述を事実認定に用いる「司法取引」という制度を日本の法律はまったく想定していないとして、コーチャンとクラッター、両氏の嘱託証人尋問調書の証拠能力を否定したのです。

ただし、日本側の贈賄については、嘱託尋問調書を除いた他の証拠で十分に起訴事実が認定できるとし、原審の有罪判決が維持されています。つまり、丸紅の幹部、全日空の幹部など、みな有罪になっています。

事件当時社長を務めていた檜山廣会長（当時）は一九七六（昭和五十一）年七月に贈賄と外為法違反容疑で逮捕、起訴され、一九九五（平成七）年に最高裁で有罪の実刑が確定しました。しかし高齢のために刑の執行は停止され、檜山氏は収監されないまま二〇〇〇（平成十二）年に死去しました。

全日空ルートについては、機種選定の正当性は明らかであったこともあって、贈賄罪としては立件できませんでした。全日空の若狭社長以下六名の社員は外為法違反および議院証言法違反などの容疑で逮捕、起訴されました。

そして、一九八二（昭和五十七）年一月、東京地方裁判所でいずれも執行猶予付きの有罪判決が下されました。若狭氏だけが控訴、上告しましたが、一九九二（平成四）年九月に最高裁が上告棄却したことにより、懲役三年（執行猶予五年）の有罪判決が確定しています。

児玉氏については、一九七六（昭和五十一）年二月から衆院予算委員会で証人喚問が行われることが決定した直後に病気を理由に自宅に引きこもり、その後入院中に検事による在宅の取り調べが行われました。一九七八（昭和五十三）年三月十三日に所得税法違反と外為法違反容疑で在宅起訴、裁判の判決が出る直前の一九八四（昭和五十九）年一月、児玉氏は亡くなりました。

小佐野賢治氏は一九七六（昭和五十一）年二月から行われた衆議院予算委員会における証言が偽証罪に問われ、一九七七（昭和五十二）年に起訴、一九八一（昭和五十六）年に懲役一年の実刑判決を受けました。小佐野氏はすぐに控訴しましたが、一九八六（昭和六十一）年十月に小佐野氏が死去したために、被告人死亡による公訴棄却になりました。

田中角栄氏については、東京地検特捜部が一九七六（昭和五十一）年七月二十七日に逮捕、八月十六日に受託収賄と外為法違反容疑で起訴しました。

田中氏に対する公判は一九七七（昭和五十二）年一月二十七日に東京地方裁判所で開始されましたが、これは、日本国内だけでなく世界各国から大きな注目を集めました。

一九八三（昭和五十八）年十月十二日に懲役四年、追徴金五億円の有罪判決が下りました。この第一審判決が衆議院解散（田中判決解散ともいわれる）のきっかけとなりました。

これに対して田中氏は控訴しましたが、一九八七（昭和六十二）年七月二十九日に控訴棄却、上告審の最中の一九九三（平成五）年十二月十六日、田中氏の死亡により公訴棄却となりました。

田中氏の秘書官の榎本敏夫氏も田中氏と同日（七月二十七日）に外為法違反容疑で逮捕、その後起訴されました。一九九五（平成七）年二月二十二日に、最高裁で有罪判決が確定しました。首相秘書官の最終審判決という形で田中氏の五億円収受を認定したのです。

佐藤孝行元運輸政務次官や橋本登美三郎元運輸大臣は受託収賄罪で起訴、佐藤氏には懲役二年、執行猶予三年の有罪判決が確定。橋本氏は一、二審で懲役二年六カ月執行猶予三年の有罪判決でしたが、上告中に死亡し公訴棄却となりました。

## なぜ特捜部はＰ３Ｃの捜査に動かなかったか

私は公判を担当したので、捜査当時の状況については詳しくはわかりません。ただし、私は、控訴審に従事するにあたって、その前の一年間は準備のためにロッキード事件の記録をすべて読みました。その中には、裁判所に提出しているものとは別に、裁判所にも出さない、不提出記録というものもあります。つまり、検察だけが持っていた、世の中には出ていない記録です。大型ロッカーふたつ分の資料でした。

ロッキード事件といえば、ロッキード社が全日空に売り込みをかけたトライスターがメインではありますが、次期対潜哨戒機としてのＰ３Ｃの防衛庁への売り込みのほうがメインではなかったかという見方もあり、マスコミなどでもいろいろ書かれています。

たしかに、その記録の中には、Ｐ３Ｃをめぐる売り込みの流れの中でのいろいろな証拠もたくさんありました。ですから、そちらのほうが本筋という見立ては鋭いと思います。

実際、対潜哨戒機についての売り込みに絡んで、児玉、小佐野両氏など、ロッキード事件に絡む同じ人物がさかんに動いていました。

Ｐ３Ｃは一機七十七億円で計四十五機で約三千五百億円、その他経費で約五千億円と、トライスターの三倍以上の厖大な額に上ります。だから、田中氏に五億円動いたというのは、民間航空機だけの話ではないのではないかというわけです。

当時のロッキード事件の証拠の中身については、アメリカのロッキード社と日本の関係者のいろいろな文書がありますが、それらを見ると、Ｐ３Ｃ絡みのものもけっこうあったのです。

ただし、検察、特捜部が事件を手掛けるときには、雲を摑むようなものはできません。目の前で実現性のある、要するに、贈収賄事件として組み立てられる内容に絞らなければなりません。その意味で、特捜部は民間航空機の売り込みに絡んで、政治家が動いたかどうかという点に焦点を当てて捜査に動いたということです。

Ｐ３Ｃの問題となると、政権全部が絡む話になってしまい、それこそすごい捜査になってしまいます。疑惑があればやるのですが、当時としては、そこまではつかめてはいなかったということです。

アメリカ側も、P3Cの問題が表面化しては、その導入に問題が生じることを危惧しました。当時の三木首相に渡されたアメリカ側の資料には、トライスター関連のものしかなく、P3C関連のものはなかったということです。

## 榎本三恵子氏の「ハチの一刺し」証言

ロッキード事件というのは、見方によると非常に危ない事件でもありました。危ない事件とは、証拠がないようになってしまうということです。逆に検察的な見方では、いろいろな証拠はしっかりとあるのです。

賄賂を渡したか渡さないか、どういう気持ちでやったかというのは、みんな関係者の供述が元になります。有罪の決め手となる供述をどう集めるかといえば、当時は司法取引もありませんから、朝から晩まで調べて、自白をとり調書にまとめるというやり方です。

大きなポイントは、ロッキード社から田中氏側に渡った五億円の授受がどう行われたかということです。金銭授受を実行したのは、伊藤宏丸紅専務(当時)と田中元首相の秘書・榎本敏夫氏です。榎本氏は取り調べでは、五億円の授受の事実を認めましたが、裁判では、一転否認しました。

しかし、ロッキード裁判のとき、榎本氏の奥さんだった榎本三恵子氏（一九七七年十月離婚）が、それを覆す証言をしました。

検察は、一九八一（昭和五十六）年五月六日から、検察側の証人として裁判の証言台に立つ前日の十月二十七日までの九回にわたって、彼女の事情聴取を行いました。この九回の事情聴取の中で、事件の核心にかかわる供述を彼女はしたのです。これがまさに裁判における検察側の「隠し玉」になったのです。

一九八一年十月二十八日、東京地裁で開かれたロッキード裁判丸紅ルート公判でのことです。それまで検察側の追及に対して、榎本敏夫氏は現金授受を否定し、受け渡し当日のアリバイを主張していました。検察側は、その日、最後の証人として、榎本三恵子氏を出廷させました。

そこで三恵子氏は、夫の敏夫氏がおカネを受け取ったこと、日程表、書類などの証拠を三恵子氏が焼いたことなどを証言したのです。

このときの三恵子氏の証言は、当時、「ハチの一刺し」として流行語になったほど有名になりました。それは、証言後の記者会見で、「証言に際しての覚悟は？」と記者からたずねられて、「ハチは一度人を刺したら死ぬと言われています。いまの私はハチと同じ心境です」という、彼女の発言からとられたものです。のちに、彼女は、男性向け月刊誌に全裸写真を載せて話題になりました。私はその雑誌は見ましたが、残念ながら、彼女を聴取したことはありませんでした。

## ロッキードはトップまでやった

このロッキード事件の主任検事が吉永祐介氏です。吉永氏は、絶対的な信念を持って仕事をやっていました。吉永氏が特捜の副部長のときに、私が特捜部に入り、吉永氏が検事正になったときに私が特捜の副部長でリクルート事件の主任検事でした。吉永氏が検事総長になったときには、私が特捜部長でゼネコン汚職事件を手がけたという関係です。「師弟関係」と言ってもいいのではないかと思います。

吉永氏ほど、事件が読めるというか、できる検事はいなかったと思っています。そんな吉永氏から信用してもらって、「きみがいたからリクルート事件はできた」と言われたときには、お世辞だと思いますが、大変うれしかったものです。

ロッキード事件捜査当時の吉永氏の様子を、長年彼を間近で支えてきた水野光昭事務官（当時）はこんなふうに語っています。

「吉永さんの部屋に行くと、いつも鉛筆を持って、怖い顔して机に向かっていた。分厚いメガネで机から10センチくらいのところまで顔を近づけて……。鉛筆はすぐに短くなって、手はいつも真っ黒だった。いつ行っても、くつろいでいることなんてない。常に机に向かって、もう話しかけられないくらい。それは狂気というか、事件を絶対に解決してやるっていう強い覚悟で臨んでいた結果だと思う。あんな人は、後にも先にも見たことない」（ＮＨＫ「未解決事件」取材班『消えた21億円を追え　ロッキード事件　40年目のスクープ』二〇一八年 朝日新聞出版）

いろいろな見方はあるでしょうが、ロッキード事件は、リクルート事件の時と違って、政界のトップのところまで行きついたといえます。飛行機の売り込みという国家的な事業に絡んで、時のトップであった首相がそのポストを利用して五億円取得したという典型的な収賄事件です。あの事件をやり遂げることができたということはものすごいことだと思います。

そうした疑獄事件の捜査段階では、検事個人宛てに脅迫状が届くようなこともあります。自分だけでなく家族の身の安全も脅かされるということもあるのです。

実際、リクルート事件を担当していたときには、私のもとにいろいろな脅迫状が来ました。ゼネコン汚職事件の捜査を指揮していたころには「もう特捜は十分に仕事をした。これ以上政治家を摘発すれば、貴殿および貴殿の家族の安全は保障しない」という脅迫状が自宅と勤務先に届いたことがあります。

事件捜査をしている私は危険は覚悟の上ですが、家族が狙われてはたまりません。すぐに官舎所在地の警察署に警備を依頼しました。幸い、身の回りには何事も起こりませんでしたが、このようなことは、大きな事件を手がけていると、しばしば起こり得ることなのです。

また、政治家から事件捜査を暗にストップするように介入されるようなこともあります。そうした周囲からの圧力を乗り越えて捜査にあたるのが特捜部の検事の仕事なのです。すでに述べたように、私はロッキード事件の捜査には、さほどかかわっていなかったのですが、捜査に深くあたった検事たちは日夜大変なプレッシャーの中でハードな仕事をこなしたのだと思います。

## P3C本命説に対して……

ロッキード事件というのは、民間航空機の話だったのか、本当は軍用機の話だったのかというのは、いまでも論議の的になっています。田中角栄元総理が受け取った五億円は、どちらだったのかということです。

たしかに軍用機ならば、政府が決めるわけで、田中角栄首相に職務権限がありますが、民間航空機の話となると、その会社が決めるわけで、職務権限が結びつきにくくなるのです。民間航空会社の全日空がロッキード社のトライスターL－1011にするか、マクドネル・ダグラス社のDC－10にするのか、それは政府とは関係ない話ではないか、ということになります。

だから、軍用機のP3Cが本筋だったのではないか、それを表に出さないような陰謀があったのではないか、などといろいろな説があります。

たとえば、高山正之氏（元産経新聞記者）は次のように言っています。

「当時日本は、対潜哨戒機を国産化しようとして、大蔵省が予算付けをやっていた。それを察知したアメリカが『勝手なことをするな』と日本を責めた。次期支援戦闘機のときも、日本が国産化すると言ったら、アメリカからストップをかけられたけど、それと同じ。結局、対潜哨戒機として、ロッキードオライオンというのを売りつけられた。それがP3C。

P3Cは、旅客機エレクトラとして開発されたが、全然売れなかった。その機体に、ソーナーとそれが得た音を分析して潜水艦のタイプを割り出すブラックボックスを搭載したのがP3Cで、機体が五億円。ブラックボックス代が九十五億円、しめて百億円という値段を付けてきた。ブラックボックスは値段があってないようなものだ。もっとも日本が開発するとなると全世界の潜水艦を追尾してその音色を集めて、さらに年々それを更新していくのだから、それくらいの価値はあるかもしれない。それを日本は百機も買わされた。これだけで一兆円の大商いになるわけ」

「要するに、自主開発をやめさせるアメリカの圧力で、P3Cを買わされた。だから、日本はむしろ被害者なんだ。航空日本が立ち直る機会が、これでまた遠ざかってしまったから。そういう状況で、トライスターの件で田中角栄に金が贈られたというのは、どう考えても妙だ。当時、全日空のトライスター確定納入は九機で、総額はせいぜい五百億円。半分は英国のエンジンメーカー、ロールスロイス82に行ってしまうし、だいたい角栄に何の利権も絡まない。総額一兆円とは比ぶべくもない。もしワイロとしての金が動いたとしたら、対潜哨戒機のP3Cのほうだよ」

「『(吉永主任検事は記者会見で) 今日からP3Cと書くな。明日の紙面から、P3Cと載っていたら、その新聞社は、もうここには入れない』と言った。その日を限りにP3Cという言葉は新聞紙面からは消えた」(髙山正之、和田政宗『こんなメディアや政党はもういらない』ワック)

こういう髙山氏のような見方は根強くあるようです。

当然、特捜部に対する見方も厳しくなっています。ロッキード捜査では、たしかに軍用機問題にまでは届きませんでしたが、私は、特捜部は政界の闇を暴くために全力を尽くして、やれる限りやったと思っています。届かないところに対する悔しさは、捜査にあたった検事のほうが尚更です。

## 堀田力氏の悔しさ

当時、ロッキード捜査に携わった堀田力氏はＮＨＫの記者とのやり取りの中で、Ｐ３Ｃに関連して、その悔しさを次のように語っています。少し長いですが引用します。

【事件発覚時、堀田は法務省の参事官として主にアメリカ側との交渉を繰り返し、ロッキード社側の資料開示をめぐって尽力した。その後、東京地検特捜部に異動、最高裁判決が出るまで一貫してロッキード事件に関わった、事件の捜査過程の全容を知る数少ない一人である。

（中略）

「あの事件は日本にはびこる闇のほんの端っこに過ぎない。ただあれ以上は触れられない事件だった。国家権力を監視する東京地検特捜部といえども、触れられないことがある。田中角栄を逮捕できたことだけでもすごいことで、完璧にやれたと我々は自負している。ただ、本当の闇の部分に触れたら、すべてが水の泡になってしまうギリギリの闘いだった。ロッキード事件はそういう事件だった」

(中略)

堀田へのロングインタビューが実現したのは、放送も差し迫った2016年3月のことだった。

インタビューは1時間半に及び、堀田はそれまで何度聞いても答えなかったことについても、言葉にしてくれた。すべてを語ったかどうかは分からない。ただ、その日のインタビューからは、検察がP3Cや児玉に疑問を持ちながらもなかなか触れられなかった、その苦悩がにじんでいた。

(中略)

「しっかり解明されていないところはたくさんある。例えば、田中角栄は5億を受け取った、となっているけど、1回の選挙で当時何百億も動かすと言われてきた人ですから。田中にとって5億円が、はした金とは言わないまでも、ほかにもまだまだ動いているはずでしょ。

そういったことも全部解明して、その中でこの事件がどういう意味を持っているか、本当は追及していかないといけない。でも、とってもそんな力は検察にはない。そこまで解明できる証拠も得られてない。結局、ロッキード事件で解明されたのは一部分だけに終わってしまった。だから、全体像が見えてない。（ロッキード社が日本への売り込みで使った）あのお金の〝意味〟が見えていない。だからみんな、今でも『おかしい』とか『陰謀じゃないか』とか、いろんなこと言えるわけだ。全体をしっかり解明してないからね』

（中略）

私たちはＰ３Ｃへの疑惑について、それまで取材でつかんだ具体的な疑問を一つ一つ堀田にあてていった。

「確かに、どう考えてもＰ３Ｃで金の動きがいろいろあるはずなんだけど。ここのところは全く解明できていない。ロッキード社は軍用機部門と民間機部門で、経理も何もかも違いますから。民間機の部分では証言やデータなんかも取れたけど、軍用機のほうは全然取れなかった」

（中略）

「捜査って普通は、いくつかの可能性で見込みを立てて、そこから証拠を固めていって、こっちはない、あっちはないと消しながらだんだん絞り込んでいく。そして、最後の一本がはっきりすればそれで起訴する。Ｐ３Ｃはアメリカからの資料が全くないので、もうあり得ない、となった。

Ｐ３Ｃが消えれば、社長のコーチャンが公聴会で証言しているように、トライスターでいくしかない。いろんな犯罪、目に見えないところにある犯罪を表に出すっていうのが検事の役割なんだけど、アメリカから出てきた資料をもとに、その範囲内では全容解明できたかもしれないけれども、それ以外のところは解明できていない。

ただ、日本の政治経済の背後で動く闇の部分に一本光が入ったことは間違いない。ただ、闇はまだ残ってるし、これで政治がきれいな政治になるかといったら、まだまだそこまではいってない。だいぶ、いろんな闇に捜査のメスが入れるようになっていますけど、まだ全部やれるようになっていない。国民の目から見れば、検察にもっともっと闇のところを全部照らしてくれって、一本だけでは分からないって思われるのは無理もないと思います。そこは悔しいっていうか、申し訳ないっていうか、情けないっていうか……」】(『消えた21億円を追え』傍点原著)

この悔しさは、ロッキード事件の捜査をした検事(すでに述べたように私は控訴審の公判を担当し、捜査にはあたっていないのですが)がすべて抱いていたでしょうし、主任検事として指揮をとった吉永氏はなおさらだったでしょう。

## 検察は基本的に時の国家権力とは離れている

近年よく「国策捜査」などといわれることもありますが、特捜部が手掛けるのは、その時代、時代に、これは刑事事件としてやらなければ、けじめがつかないというものをやるのです。政治の動向に左右されるわけではありません。

それがたまたま、国が進めている方向、つまり国の政策を進める一助になると、見方によっては「国策捜査」と言われるわけです。はじめから、検察が　そういう意図で捜査をすることはないと思います。

目の前にマスコミなどが騒いでいる事件があるのに特捜部がやらないと、世間からは、「検察は何をしているんだ」と非難されるし、実際捜査に踏み出して、それが国の政策と一致すると、「国の意向を忖度してやっているのではないか」と見られたりするのです。

基本的には、検察は、時の国家権力とまったく離れています。つまり、検察独自の判断で動いているのです。そういう意味では、日本では三権分立がきちんと確立しています。中国のように司法の上に中国共産党があって司法も政治に左右されるとか、韓国のように、司法が時の政権の意向を忖度していると看取されるようなことは、日本の場合はありえません。

## ロッキード事件の経過

・一九七六（昭和五十一）年二月四日　アメリカ議会上院で行われた上院外交委員会多国籍企業小委員会（チャーチ委員会）公聴会で、ロッキード社が、トライスターを売り込むための対日工作を証言。

その後、公聴会において、ロッキード副会長アーチボルド・コーチャンと元東京駐在事務所代表ジョン・ウイリアム・クラッターが、児玉誉士夫に対し一九七二（昭和四十七）年十月に「全日空にトライスターを売り込むためのコンサルタント料」として七百万ドルを渡したこと、児玉から、小佐野賢治やロッキード社の日本における販売代理店の丸紅などを通じて田中角栄首相（当時）に五億円が渡されたことを証言。

・同年二月十六日〜　数回にわたる衆議院予算委員会で、事件関係者として小佐野賢治、全日空の若狭社長、渡辺副社長、大庭哲夫前社長、丸紅の檜山廣会長、大久保利春専務、伊藤宏専務、鬼俊良ロッキード日本支社支配人などが証人喚問される。

・同年二月十八日　ロッキード事件で初の検察首脳会議が開かれる。

・同年二月二十四日　検察庁、東京国税局、警視庁の三庁合同で、丸紅本社、児玉邸など、二十七カ所を一斉捜索。

・同年三月二十三日　アメリカ政府、日本の検察に資料を渡すことを合意。
・同年三月十三日　児玉誉士夫を所得税法違反で在宅起訴。
・同年三月二十四日　アメリカからの資料提供に関する日米司法取り決めを調印。
・同年四月十日　アメリカからの資料、検察庁に到着
・同年五月十日　児玉誉士夫を外為法違反で追起訴。
・同年六月九日　児玉の通訳、福田太郎が死亡。
・同年六月二十二日　大久保利春丸紅前専務を偽証罪で逮捕。
・同年七月二日　伊藤宏丸紅前専務を偽証罪で逮捕。
・同年七月八日　若狭得治全日空社長を外為法違反と偽証罪で逮捕。
・同年七月十三日　丸紅・檜山廣前会長を外為法違反で逮捕。
・同年七月二十七日　田中角栄前首相、榎本敏夫元首相秘書を外為法違反で逮捕。
・同年八月二日　田中前首相の私設秘書兼運転手・笠原政則の自殺体発見。
・同年八月二十日　佐藤孝行元運輸政務次官を受託収賄容疑で逮捕。
・同年八月二十一日　橋本登美三郎元運輸大臣を受託収賄容疑で逮捕。
・一九七七（昭和五十二）年一月二十一日　小佐野賢治国際興業社主を偽証で起訴。
・同年一月二十七日 丸紅ルート、第一回公判。田中、榎本は五億円の受領を否認。

・同年六月二日　児玉誉士夫の審理開始。

・一九八一（昭和五十六）年十一月五日　児玉ルート、東京地裁判決。小佐野賢治を懲役一年（控訴）。

・一九八二（昭和五十七）年一月二十六日　全日空ルート、東京地裁判決。若狭得治を懲役三年・執行猶予五年（控訴）。渡辺尚次を懲役一年二カ月・執行猶予三年（有罪確定）。

・同年六月八日　全日空ルート、東京地裁判決。橋本登美三郎を懲役二年六カ月・執行猶予三年・追徴金五千万（控訴）。佐藤孝行を懲役二年・執行猶予三年・追徴金二百万円（控訴）。

・一九八三（昭和五十八）年十月十二日　丸紅ルート、東京地裁判決。田中角栄を懲役四年・追徴五億円（控訴）。榎本敏夫を懲役一年・執行猶予三年（控訴）。檜山廣を懲役二年六カ月（控訴）。伊藤宏を懲役二年（控訴）。大久保利春を懲役二年・執行猶予四年（控訴）。

・一九八四（昭和五十九）年一月二十五日　児玉誉士夫死亡につき公訴棄却。
・同年四月二十七日　児玉ルート、東京高裁判決。小佐野賢治を懲役十カ月・執行猶予三年（上告）。
・一九八六（昭和六十一）年五月十四日　東京高裁判決。佐藤孝行に対し、控訴棄却（上告取り下げ有罪確定）。
・同年五月十六日　東京高裁判決。橋本登美三郎に対し、控訴棄却（上告）。
・同年五月二十八日　東京高裁判決。若狭得治に対し、控訴棄却（上告）。
・同年十一月十二日　小佐野賢治死亡につき公訴棄却。
・一九八七（昭和六十二）年七月二十九日　丸紅ルート、東京高裁判決。伊藤宏を懲役二年・執行猶予四年（上告せず有罪確定）。大久保利春を懲役二年・執行猶予四年（伊藤以外の被告人は上告）。
・一九九〇（平成二）年二月十三日　橋本登美三郎死亡につき公訴棄却。
・一九九一（平成三）年十二月十七日　大久保利春死亡につき公訴棄却。

・一九九二（平成四）年九月十八日　最高裁、若狭得治に対し上告棄却（有罪確定）。

・一九九三（平成五）年十二月十六日　田中角栄死亡につき公訴棄却。

・一九九五（平成七）年二月二十二日　最高裁、榎本敏夫および檜山廣に対し、上告棄却（有罪確定）。ただし、コーチャンらの嘱託尋問調書については証拠能力を否定。

# 第四章

# ダグラス・グラマン事件は、ロッキード事件の敵討ち

## 正月休み返上でダグラス・グラマン事件に取りかかる

「ロッキード事件」に続いて東京地検特捜部が手掛けた大きな疑獄事件が、「ダグラス・グラマン事件」です。「軍用機売り込みに絡む疑獄事件」と呼ばれた事件です。

そのきっかけは、一九七八（昭和五十三）年十二月二十五日に、アメリカ証券取引委員会（SEC）が、マクドネル・ダグラス社（一九九七年、ボーイング社に吸収合併）が自社の戦闘機の売り込みのため、一九七五（昭和五十）年に一万五千ドルを日本政府高官に渡したことを告発したことからでした。

ついで、翌一九七九（昭和五十四）年一月四日、アメリカ証券取引委員会が、グラマン社が自社の早期警戒機（E2C）の売り込みのため、日本の岸信介氏、福田赳夫氏、中曽根康弘氏、松野頼三氏らに代理店の日商岩井（現・双日）を経由して、不正資金を渡したことを告発しました。これは、軍用機の売り込みに絡んで、便宜をはかってもらったということです。

これらの証言を受けて、東京地検特捜部が、アメリカ証券取引委員会に資料提供を要請し捜査を開始しました。

この捜査は一九七九年一月（一月九日捜査開始宣言）からはじまり五月まで続きました。

主任検事は村田恒特捜副部長で、私は補助検事の一人として捜査に参加しました。私が特捜部に入って間もなくのころで、本格的に担当した最初の事件です。

吉永東京地検特捜部長から「グラマン社から日本への不正支払いがあるようなので、きみに担当してもらおうと思う。調べてくれ」と口頭で指示されたのは、捜査開始の前年（一九七八年）十二月十九日のことでした。年末年始も情報取集や資料の分析のために登庁し、正月休みはほとんど取れませんでした。

## 島田常務から重要な供述を引き出すことに成功した矢先に……

私は村田恒主任検事（特捜部副部長）の指示で一九七九年一月十九日から、島田三敬日商岩井常務取締役航空部長（当時）を任意で聴取し、同社の裏金、政治家との関係などを追及しました。事情聴取の場所は、霞ヶ関の本庁にはマスコミが張り付いていたので、東京北区にあった検察庁舎（分室）にしました。おかげでマスコミにはまったく気づかれずに調べを行うことができました。

島田氏は海部八郎同社副社長（当時）の片腕で疑惑解明のカギを握る人物でした。アメリカ人コンサルタントのハリー・カーン氏との間に結ばれた「成功報酬」の密約の席に海部副社長と同席していたともいわれ、政府高官への資金提供も担当していた疑いも濃厚でした。

私が島田氏から重要な供述を引き出したのは、同年一月三十一日の六回目の取り調べにおいてです。しかし、その直後、島田氏は飛び降り自殺（一九七九年二月一日未明）してしまったのです。このことによって、日商岩井側から政府への疑惑にいたるルートが繫がらず、日商岩井内部の裏金の捻出と使い方といった矮小化された問題になってしまいました。

島田氏の最後の取り調べについては、次項で、私がＮＨＫの取材を受けた折りのインタビューを詳しく紹介しますが、一月三十一日の取り調べも終わりの時間に近づいたころに、島田氏が裏ガネの存在を認めたのです。アメリカで裏ガネをつくり、それを円に替えて日本に持ち込んで政界に配っていたのです。

アメリカでの裏ガネづくりのシステム、使っていたアメリカの銀行の口座の名義、それを引き出して日本に運んでくるのは誰が担っていたのか、そして誰にカネを配っていたのか、島田氏は、それらの詳細を具体的に個人名をあげて話しはじめたのです。政治家は当時の派閥の領袖クラスをはじめ七～八名ほどの名前があがっていました。その中にはロッキード事件と重なる人もいました。ほかにもマスコミ対策、交際費にも裏ガネを使っていたということでした。

その日、島田氏が帰って、私は翌日の準備をした後に、立ち合いの事務官と二人で聴取場所から近い十条駅付近で、「明日から大変だぞ」などと言いながら景気づけに一杯やったことを覚えています。興奮が続いていたせいか、その夜はほとんど眠ることができずに、朝を迎えました。二月一日、いよいよ今日からが本当の勝負だと気を引き締めて出かけたのです。

私が島田氏の自殺を知ったのは、村田特捜部副部長からかかってきた電話によってでした。北区の検察庁舎に出勤したばかりの二月一日朝十時過ぎに、「宗像君、島田はそちらに行っているか?」という連絡があったのです。私が「いや、まだ来ていません」と応えると、「いま警視庁から連絡があった。赤坂のビルから、昨夜、人が飛び降りて死んでいるとのことだ。どうも島田じゃないかという話だ」と言うのです。

さらに「昨日調べで何か異常なことはあったのか?　どんな調べがあったんだ?」などと訊かれました。村田副部長はロッキード事件で丸紅の大久保利春元専務から田中角栄首相（当時）への五億円供与の供述を引き出し、事件解明の突破口を開けた検事です。私は驚きと動揺で何も話せません。「後で連絡します」と電話を切ってしまいました。

実は、その前日の事情聴取の結果について、まだ上司に報告を上げていなかったのです。この朝の時点では、まだ供述調書もとってはいませんでした。いよいよ今日から具体的に話を聴きだそうという段階でした。これから核心に迫ろうという、まさにその時に島田氏は自ら命を絶ってしまったのです。

村田副部長からの電話を切って十分ほど過ぎたころ、吉永特捜部長から、「宗像君、心配しないでもいいよ。すぐにタクシーに乗って帰ってらっしゃい」という電話がきました。吉永特捜部長は、私が大きなショックを受けていることがわかっていたのでしょう。私自身、もっとも重要な証人に自殺されてしまったという申し訳なさ、責任感、事件の捜査が、これで頓挫《とんざ》するのではないかという重圧、それに報告をまだあげていなかったという後ろめたさなどがないまぜになっていました。

本庁に戻り、吉永特捜部長、村田副部長に前日までの聴取内容を詳細に報告し、さらに詳細な報告書を作成し提出しました。とくに叱責などは受けませんでした。

## 島田氏の自殺は私にとって痛恨の思い

当時の日記に「島田氏の自殺から一週間ほどは検事になって一度も経験したことのない心の苦しみを感じた。何をする気にもならなかった」と書いていますから、いかに自分が落ち込んでいたのかがわかります。実際、島田氏の自殺後も引き続き他の人の取り調べを担当したのですが、ストレスのせいか胃に穴があき、強い痛みが伴う胃穿孔《いせんこう》になって、病院に通いながらかろうじて仕事をしているような状態でした。

そんなある日、吉永特捜部長に「検事を辞めたい」と申し出ました。「どうしてだ?」と聞かれたので、「人を一人死なせてしまいましたから」と言いました。

そのとき、吉永特捜部長から次のように諭されました。

「自殺はきみの責任じゃないよ。生きていれば事件を追及される。話せば申し訳が立たなくなることもある。いろいろな理由があって命を絶ったのだろう。調べが悪いということではない。こんなことで辞めたら、いくつ体があったって特捜検事の身はもたないよ」

私が取り調べの相手に自殺されたというのは、後にも先にも、この一件だけですが、痛恨の思い出です。

島田氏は生真面目で礼儀正しい人物でした。取り調べは朝十時から昼をはさんで夕方まで行いました。島田氏は朝九時五十分を過ぎたころには必ず出頭して、ノックをしてから「島田参りました」と言って、取調室を訪れるのが常でした。寒い季節でしたが、部屋の外でコートを脱ぎ、脱いだコートをきれいに折りたたんで片手にかけて部屋に入ってきました。そんなところに、島田氏の礼儀正しさが表われています。

この島田氏の自殺は私にとって衝撃的でした。いまでも折に触れて思い出します。島田氏は誠実な人で、しゃべることによって他の人たちに迷惑をかけたくないという気持ちから自ら命を絶ったのだと思います。

最後の取調べをした日の夜、島田氏はそのあとで海部氏と政治評論家の戸川猪佐武氏と食事をし、その後、赤坂のビルの七階にあった「日商岩井エアロスペース」の社長室から飛び降り自殺しました。頸動脈や手にためらい傷があり刃物で自殺しようとしたのですが、死にきれず飛び降りたと見られています。室内の机の上には、島田氏の夫人、長男、植田三男日商岩井社長（当時）、日商岩井社員一同、井本臺吉（元検事総長）弁護士、石井成一弁護士、友人三人、そして私への十通の遺書がありました。

上司の海部氏への遺書はなかったのです。本来一番信頼関係があるべき人を本当は信用していなかった、最後には犠牲になったという思いだったのでしょうか。

私宛の遺書は現役のときには、捜査の途中という理由で、上司（副部長）預かりになっていました。内容も明かされませんでした。その後、特捜部を離れるときに、上司に所有権を主張して、手渡してもらいました。

私宛の遺書には、取り調べに関しての恨みごとなど、特段のことは書いてなく、調べの内容についての総括的な話とともに、最後に「宗像検事殿、行くのをお許し下さい。一月三十一日　島田三敬」と記されていました。覚悟の自殺でした。

## 吉永祐介氏が託した極秘資料の衝撃

ダグラス・グラマン事件とロッキード事件とのつながりについては、三年前にＮＨＫで放送された番組（NHKスペシャル『未解決事件　File．5　ロッキード事件』（ドキュメンタリー×再現ドラマ　放送日二〇一六年七月二十三日、二十四日）で、私もインタビューを受けて話したことがあります。

その後、番組をもとにして、『消えた21億円を追え　ロッキード事件　40年目のスクープ』（先に紹介）が出版されました。同書で、「第一級の資料が加わることになった」として、次のように吉永氏から資料を託された経緯が書かれています。

【捜査の指揮を執った東京地検特捜部の主任検事・吉永祐介がひそかに保管していた捜査資料だ。これらは、NHK司法キャップを務めた元記者で、坂上遼のペンネームで『ロッキード秘録』（講談社）の著作もある小俣《おまた》一平《いっぺい》が、生前の吉永から託されていたもので、吉永自身の手書きのメモなども含まれた、まさに捜査のプロセスを追体験する資料だ。これを丁寧にひもといていくことで、「当時、検察が何を最終的なターゲットにしていたのか」が浮き彫りになってきた】（傍点原著）

実は、この吉永氏の捜査資料については、私がご自宅へ届けた覚えがあります。吉永氏が退官してしばらくしてから、私のもとに「僕のロッキード事件の手持ちの資料、どこにある？」と連絡があったのです。私が「特捜部に保管してあります」と応えたら、「それ、くれんかね」というので、「わかりました」と吉永氏宅へ届けたのです。

原本の捜査に使った資料は公文書ですが、検事は自分の身を守るために、自分の資料をつくり、わかるようにしてあります。それらは私物です。私は、その私物がNHKに流れたものだと思いますが、果たして吉永氏自身がNHK記者に託したものか、あるいは死後何らかの形で流れてしまったものか、実際のところはわかりませんが。

島田氏についての取材ですが、私ははじめは同番組で話すことは断っていたのですが、すでに島田氏関連のダグラス・グラマン事件の資料についても、NHK側に、吉永氏側から託されているというので取材に応じて話すことにしたのです。少し長くなりますが、引用しましょう。


【ロッキード事件では田中角栄逮捕の熱狂の陰で、P3Cへの追及は世間から忘れられていった。ダグラス・グラマン事件でも、岸信介への疑惑追及の陰で、E2C（早期警戒機）への疑惑がどこかへ忘れられてしまったのではないか。

私たちは、E2Cへの追及がどこまで進んでいたのか、再度洗い直すことにした。

ロッキード事件の時と同じく、ダグラス・グラマン事件の捜査にあたった東京地検特捜部の元検事たちへの取材を進めるなか、私たちは二つの事件をつなぐ、ある重要な資料の存在に行き当たった。それはロッキード事件を指揮した吉永祐介が保管していた、あの膨大なロッキード資料の中にあった。取材当初、「ロッキードとは関係のない資料が紛れ込んでいる」程度に思って、ほとんど気に留めなかったものである。

資料の表紙には「島田三敬供述趣旨」と記されている。それは600点を超す資料の中で、たった一点だけロッキードとは関係のないものだった。今になって思えば、その資料の存在は吉永の遺言のようにも感じる。つまり、ロッキード事件の深い闇を知るうえで欠かせない資料だとして、吉永は資料を託す際、わざと紛れ込ませたのではないか……。

ダグラス・グラマン事件に関わった島田三敬は長年、海部八郎の直属の部下として軍用機ビジネスに携わってきた人物であり、当時、日商岩井の常務取締役として、直接、E2Cの売り込みにあたっていた。

島田の取調べを行ったのは、ロッキード事件の公判判事を務め、リクルート事件で主任検事を務めた宗像紀夫である。宗像は、取材の当初、島田については「話したくない」と頑なだったが、吉永の資料の存在を告げると、態度が一変した」――といったまえふりがあったあと、私の発言が、解説とともに、以下のように紹介されています。

「吉永さんは、私が捜査官として一番尊敬している人で、ダグラス・グラマン事件の時は並々ならぬ覚悟で望んでおられた。今度こそ全容を解明するという思いだった。だから、この事件がちゃんとした形で解決できなかったというのは残念だし、個人的にも、吉永さんの思いに応えられなかった、という意味で忸怩《じくじ》たる思いがありました。ですから、この事件のことを話すことはこれまで避けてきたんです」

宗像は、吉永が晩年この資料を記者に託していたことを知り、「自分にも何か伝えられることがある」と考え、取材に応じたという。

宗像がまず語ったのは、ロッキード事件に対する疑問だった。控訴審を担当した際、事件の経緯を調べれば調べるほど、軍用機の話が追及されなかったことに疑問を感じるようになっていった、という。

「ロッキード事件の控訴審を3年間担当したんですが、その時に、検察がそれまでに集めた資料や取り調べの記録など、すべての捜査資料に目を通しました。その結果、トライスターで田中角栄を逮捕したというのは、そうした切り取り方で〝収めた〟という感じを強く受けたのです。それは決して間違っていたという意味ではありません。

事件というのは、いろいろなものが混ざり合っていることが多いんです。ロッキード事件の場合、この筋書き、この組み立て方が、一番真実に合っているというところだったと思います。ただ、光を当てる角度によって事件の見え方が違ってくるというのもありますし、特にロッキード社は、民間航空機だけでなく軍用機のほうをむしろ主にやっていますから、そこはどうなんだっていうね。裁判では、弁護士の中に、検察の切り取り方が違っているのでは、と指摘する人も多くいました。もちろん、証拠がそろっていれば軍用機でもできるんですが、それがやりたくても出来なかった。

ですから、ダグラス・グラマン事件の時は、軍用機だけの話ですから、言ってみればロッキード事件のやり残しと言いますか、いわば敵討ちですよ。軍用機をめぐる疑惑を追及するということは、捜査が進めば、日米間の根幹を揺るがすような事件になるかもしれないということで、みんな緊張していました」

吉永が保管していた島田三敬の供述書は35ページにわたった。供述は、島田が昭和30年代に関わり始めたという軍用機の売り込み戦略から始まっており、海部が話した内容と重複する。Ｅ２Ｃの話は、５ページ目から登場していた。

グラマン社と日商岩井が、Ｅ２Ｃの売り込みについて契約を結んだ経緯や、売り込み成功の際の報酬額や支払い方法などが事細かに記されていた。そして、Ｅ２Ｃ売り込みの実際の経緯についても触れていた。

（中略）

そして、この項目の最後の部分は、宗像と島田の会話がそのまま記されていた。

**宗像**「Ｅ２Ｃの輸入について日本政府に働きかけた事実はあるか？」

**島田**「私らは、田中内閣にあまりとっかかりがないので、グラマン社に対して頑張るようアドバイスしたのです」

**宗像**「日本側からはまったく働きかけていないということか？」

**島田**「海部が田中さんに頼んだかもしれないが、私は知りません」

**宗像**「ハワイ会談の関係で他に働きかけたところはあるか？」

**島田**「防衛庁にお願いしたことがある。ドル減らしの一環としてＥ２Ｃの輸入が取り上げられるよう、プッシュしてください、と装備部その他にお願いした」

当時、ダグラス・グラマン事件は世間の注目を浴びており、マスコミ対策のため取り調べは東京地検特捜部ではなく、都内のある場所で行われた。島田は、時間に遅れずにやってきては、真面目に誠実に対応していたという。その一方で、宗像は、島田が決してすべて真実を話していたわけでないことにも気づいていた。

「私は日商にも島田さんにも何の恨みもありません、と話しました。きれいごとは聞きたくない。生々しい商戦の実態を話してほしいと伝えました。私はあなたが嘘を突き通せるほど、図太い人間ではないことも分かっています。すべてを話し、それが良いのか悪いのかは、私たちに任せてほしい。そういったことを何回も話しました。それでも取り調べでは、わだかまりがあって、お話しにならないこともたくさんありました」

島田への取り調べは全部で6回行われた。宗像は最後になった１９７９年1月31日の取り調べについて語り始めた。

島田は、これまでと違って、働きかけた政治家の名前や誰にいくら渡したか、堰《せき》を切ったように具体的な内幕を話し始めたという。

「日商岩井がE２C売り込みにどれくらいの裏金を用意していて、それをどう捻出し、どう管理し、どう政治家のもとへ運んだのか、詳細に話し始めたのです。昨日までは、口ごもって、出かかったとしてもやはりなかなかしゃべれない状況でしたから。私は驚くとともに、心配になりました。それまでの取り調べで、世間話をしながらお互いそれなりに通じ合うようになっていたとはいえ、あまりに重大な影響を及ぼす内容でした。会社に及ぼす影響とか、会社の上司が島田さんをどう思うのか、非常に心配しました」

（中略）

〈対政府工作は、海部と私がやってきた。こう言っては何ですが、政府の主流の方と親しくしていないと情報がとれないので、新しい内閣ができると主要ポストの人と接触を保つようにしてきました。それらの人たちには献金もすることになるわけです〉

支払い方法については、アメリカの銀行に設けた島田名義の口座を使って、ロサンゼルスの別会社に送金依頼を行って日本円を捻出。実際に金を運ぶ謎の男の存在についても明かしていた。政界工作として行う献金は、領収書をとらない裏のもので、正規の献金とは区別していた。そして、島田は６人の政治家の名前を挙げていた。そこには、田中角栄の名前も記されていた。

宗像はその名前を聞いた時の衝撃を次のように語った。

「ロッキード事件がもう一回起きたような感じでした。ただ、具体的な内容については詰められていませんでした。島田さんもだいぶ吹っ切れて話した内容で、詰めていけば人物の数が増えたり、金額が上下したり、といろいろ出てくることは明らかでした。ただ、こういった内容が出てきたというのは、これは大変なことになった、と思いましたね」

島田は、「明日、さらに詳細を話す」と言って、その日の取り調べを終えた】

その後のことは、すでに述べたように、島田氏の自殺を知らされたわけです。

【(略)結局、政治家への追及は時効でできなくなり、裏金の一部を日商岩井の幹部らが私的に横領したことを事件化できただけで終わってしまいました。吉永さんが目指したところの軍用機における全容解明という点から見ても、政治家のところは未解明という形で、島田さんが命を落としましたので、解明できないままに終わってしまった。この事件は未完成の事件だと私は思います」

宗像はそう語ると、声を詰まらせた】

## 私にとって懐かしいこと

島田氏が自殺したあとも、私は、日商岩井関係者数名の取り調べを行いました。一九七九年三月十四日、島田氏の部下の今村雄二郎日商岩井航空部部長補佐を逮捕し、私がその取り調べを担当しました。同年四月四日起訴しましたが（四月九日保釈）、その日まで連日東京拘置所で取り調べを行いました。

その後、今村氏とお目にかかることになったのは、私が退官して弁護士事務所を開いてからの二〇一一（平成二十三）年四月のことです。

四月一日に、今村氏から事務所に「宗像さんが検事をされている時代にお世話になったものですが、宗像さんにお会いしたい」と電話があったのです。ちょうど東日本大震災（二〇一一年三月十一日）直後で、実家のある福島の被害状況の確認もあって、私は実家のほうに帰っていたのですが、帰京した四月四日、今村氏の訪問を受けました。事件から三十二年がたっていました。今村氏は元気そうで、懐かしい思いがしたものです。

その今村氏が、つい最近亡くなられ、息子さんが父を偲んだ本を私家版でつくりました。その本をつくるにあたって、息子さんから一文を載せてほしいといわれ、そこに私は文章を寄せましたが、その一部を紹介しましょう。

【事件捜査の詳しい内容については、守秘義務の関係もあり、語ることはできないが、当たり障りのないところで、捜査の流れ、関係者の果たした役割などについて触れておきたい。特に長い時間対面聴取した今村氏について、大まかな印象、エピソードにつき記述することとした。

今村氏は、勤務する会社、日商岩井の経理文書の一部につき、受取手数料などに関し他社名義の文書を改ざんしたというもので、事件の本筋である会社の裏金を軍用機の売込みなどに関し防衛関係の政治家などに渡したか否かという問題とはかけ離れた容疑であった。

取り調べにおいて、何か緊迫した場面があったという記憶もなく、淡々と「平和的」な会話が続いた印象であった。彼はのちに「検事とは、ヘルマン・ヘッセの話など文学の話もした」旨記している。

（中略）

今村氏の取り調べをしていた中で忘れることのできない出来事があった。昭和54年（1979年）3月某日のこと。東京拘置所で今村氏を取り調べていた私に、東京地検特捜部本庁の上司から「今村氏の息子が東大入試に合格したと家族から弁護士を通じて連絡があった。これは家族にとって喜ばしいことだから、このことを、担当検事である宗像君から今村氏に伝えてください」と連絡があった。私は、その夜の取り調べの冒頭で今村氏に「息子さんが東大に合格したよ」と伝えた。今村氏は、この伝言を聞くと、喜びが顔にあふれ、涙をためながら、「そうですか。ありがとうございます」と言った。次いで、「あいつはよくやった。よくやった」と独り言を何度も繰り返した。私にとっては、殺伐とした刑事事件の被疑者の取り調べという場面のことではあったが、何か心が温まるような出来事であった】

今村氏とは検事と被疑者という関係ではありましたが、その人柄からか、懐かしさだけが残っています。なお、今村氏の息子さんは、東大卒業後、外務省に入り世界を股に外交官として活躍されている。

## ダグラス・グラマン事件の経過

・一九六八（昭和四十三）年　防衛庁第二次防衛力整備計画における、次期FX計画主力戦闘機にマクドネル・ダグラス社のF-4EJ採用決定。

・一九七二（昭和四十七）年　日米ハワイ会談でニクソン大統領が田中角栄首相にロッキード社のP3Cとグラマン社のE2Cを売り込む。

・一九七八（昭和五十三）年十二月二十五日　アメリカ証券取引委員会（SEC）が、マクドネル・ダグラス社が自社戦闘機の売り込みのため、一九七五（昭和五十）年に一万五千ドルを日本政府高官に渡したことを告発。

・一九七九（昭和五十四）年一月四日　アメリカ証券取引委員会が、グラマン社が自社の早期警戒機（E2C）の売り込みのため、岸信介、福田赳夫、中曽根康弘、松野頼三ら、日本の政府高官に、代理店の日商岩井（現・双日）を経由して、不正資金を渡したことを告発。東京地検特捜部は、アメリカ証券取引委員会に資料提供を要請し捜査を開始。

・同年一月三十日　衆議院「ロッキード問題調査特別委員会」が「航空機輸入調査特別委員会」と改称。
・同年二月一日　日商岩井航空機部門担当常務・島田三敬が、赤坂の同社ビルから遺書を残して投身自殺。
・同年二月十四日　衆議院予算委員会で、日商岩井の海部八郎・副社長、植田三男・同社社長、有森国雄・元同社航空機部課長代理を証人喚問。
・同年三月十四日　日商岩井航空機部門部長・同部長補佐を外為法違反容疑で逮捕。
・同年三月十四日　参議院予算委員会で海部を証人喚問。「海部メモ」を自分で作成したのに、国会で「関知しない」と証言したが、後に作成者が海部と判明。四月四日、偽証告発されることになる。
・同年四月二日　海部を外為法違反容疑で逮捕。
・同年四月二十六日　海部を議院証言法違反容疑で再逮捕。
・同年五月十五日　「政治家の刑事責任追及は、時効、職務権限のカベにはばまれ断念する」と検察首脳会議で確認、ダグラス・グラマン事件捜査終結を宣言。日商岩井関係者のみ三名を起訴。
・同年五月二十四日　衆議院「航空機輸入調査特別委員会」で松野を証人喚問。松野は五億円の授受を認めるも、「五億円は日商岩井からの政治献金」と主張。検察側及び野党側の「F－4E売込み工作資金及び成功報酬」との認定と平行線をたどった。また既に公訴時効が成立しており刑事訴追は逃れることになる。

・同年五月二十八日　参議院「航空機輸入調査特別委員会」が、松野を証人喚問。その後、野党側は松野を偽証告発する決議動議を提出しようとしたが、自民党が拒否し、国会は再度空転。参議院で閉会中審査手続きを取れず、審議中の全法案が審議未了・廃案となった。

・同年七月十一日　衆議院「航空機輸入調査特別委員会」が、E－2C導入をめぐる疑惑に海部、日高一男・住友商事元航空機部長を証人喚問。海部は、松野にF－4の売込みに対する成功報酬として五億円を支払ったことを明言。

・一九八〇（昭和五十五）年七月二十四日　東京地裁判決で海部八郎に懲役二年執行猶予三年の判決。被告原告共に控訴せず、同年八月確定。

第五章

# その後の地検特捜部に勇み足はなかったか

## ①地検特捜部の汚点・村木事件の真相とは

### 特捜部のあせりが、「村木事件」を引き起こした

これまで述べてきたように、ロッキード事件、ダグラス・グラマン事件、リクルート事件など、昭和の後半から平成の初めにかけての大疑獄事件の捜査や公判に中心のメンバーとして関与してきているので、国民の特捜部に対する期待は大きいものがあったことを実感しています。「よくやった」という声と共に、より巨悪である政治家には、まだ手が届いていないのではないか、もう一踏ん張りせよという批判もありました。

たしかに、ロッキード事件、ダグラス・グラマン事件、そしてリクルート事件でも、多くの政治家が疑惑の渦中にいましたが、立件できたのは、先に述べてきたように、限られた人たちに過ぎなかった。

私の退官（二〇〇四年）以降も、政治家、高級官僚がらみでさまざまな特捜種がありましたが、あまり記憶に残るような「手柄」を地検特捜部は挙げていませんでした。

「郵便不正事件」に端を発した、大坂地検特捜部主任検事による証拠物である「フロッピー改ざん事件」など、当時の村木厚子労働省局長が逮捕された一連の事件である「村木事件」が起こったのは、特捜部がこれまでと同じように、いやそれ以上に、大きな事件を取り上げなければならないというプレッシャーが強かったことから起こしたものだったのかもしれません。

というのも、特捜部は何か事件をやらなければいけないという、責任感というか、強迫観念が大なり小なりあるのは否定できない事実だからです。自分が特捜部長（副部長）の間に、政治家や高級官僚を一人もやっていない、前の人は二人もやっているとか、あの人は国会議員を何人も逮捕して有罪にしたのに……。そういうプレッシャーがおのずから働くのです。そういう強迫観念があるから、何か事件の端緒を捕まえると、それにこだわりがちになる。あとで取り上げる福島県知事事件や小沢一郎氏の事件などを見ていても、そういうあせりが生み出したものだったといえます。同じことは村木事件にも言えるでしょう。

まず、簡単にその経過を見てみましょう。

そもそもは、二〇〇九年二月に大阪地検特捜部が着手した、障害者団体向けの郵便料金の割引制度の不正利用事件です。

その前の二〇〇八年十月六日に、朝日新聞が、大手印刷会社が「低料第3種郵便物」割引制度」（郵便の障害者割引）を不正利用してダイレクトメールを大量に発送していたことを報じています。その後、同年十月から十二月にかけて、当時の「郵便事業株式会社」（二〇一二年十月一日「郵便局株式会社」と「郵便事業株式会社」が統合し、「日本郵便株式会社」になる）が調査を行って、同年十二月二十四日に「心身障害者用低料第三種郵便物の不適正利用に関する報告書」を総務大臣に提出しています。それをきっかけにした捜査といえます。

二〇〇三年九月、倉沢邦夫、河野克史両氏らによって「凛《りん》の会」発足、二〇〇四年六月二十四日、「凛の会」が障害者団体として「低料第3種郵便物」の承認を得る。ここから、不正利用がはじまるわけです。

二〇〇九年四月十六日、「凛の会」代表の倉沢邦夫氏や家電量販店、広告代理店などの関係者を逮捕。同年五月二十六日、厚生労働省の上村勉係長（当時）、「凛の会」河野克史氏らを逮捕。

同年六月十四日、二〇〇四年当時の社会・援護局障害保健福祉部企画課長であった村木厚子厚生労働省雇用均等・児童家庭局長を逮捕。同年七月四日、村木、上村、河野、倉沢ら各氏を虚偽有印公文書作成、同行使などの罪で起訴。

二〇一〇年一月二十七日、大阪地裁で初公判。二〇一〇年二月八日、塩田幸雄元厚労省障害保健福祉部長、証人尋問で、供述内容を否定。同年二月二十四日、上村元係長の証人

尋問はじまる。偽造は単独犯行、調書は検事によって創作されたものと証言。

同年三月十八日、取り調べ検事の証人尋問開始。全員が取り調べメモを廃棄していたことが明らかに。

同年五月二十六日、証拠整理で供述調書四十三通のうち三十四通の不採用決定。

同年年九月十日、大阪地裁で村木厚子氏に無罪判決。


その後、同年九月二十一日に、前田恒彦主任検事が証拠隠滅容疑で逮捕され、大阪地検の執務室と自宅官舎の捜索を受けます。これが押収証拠品のフロッピーの改ざんです。

この日、大阪地検の上訴権放棄によって、村木氏の無罪が確定し、翌二十二日に村木氏が厚労省に登庁し、一年三カ月ぶりに復職の正式辞令を受けました。

一方、二〇一〇年十月一日、フロッピー改ざん事件で、最高検が大坪弘道大坂地検特捜部長、佐賀元明大阪地検特捜副部長（ともに事件当時）を、前田に指示して上申書等を修正させ、検事正など上司に故意の改ざんを知らせなかったという「犯人隠避容疑」で逮捕しました。

同年十月十一日　最高検が前田検事を起訴、懲戒免職に。同年十月二十一日、大坪検事と佐賀検事を起訴、ともに懲戒免職になりました。

前田氏については、二〇一一年四月十二日、大阪地裁が懲役一年六カ月の実刑判決を下し、前田元検事は控訴せずに判決が確定しています。

大坪元検事と佐賀元検事については、二〇一二年三月三十日、大阪地裁が懲役一年六カ月、執行猶予三年の有罪判決を下し、二人とも控訴しましたが、二〇一三年九月二十五日、大阪高裁が両名の控訴棄却の判決を下し、刑が確定しました。

厚労省の上村元係長については、二〇一一年一月二十三日、大阪地裁が懲役一年、執行猶予三年の有罪判決を下しました。

## そもそもの「見立て」が間違っていた

村木厚子氏のケースでは、そもそもの特捜部の見立てが間違っていたのです。私は、この問題について、雑誌『世界』(二〇一〇年十二月号掲載)で、弘中惇一郎弁護士(村木厚子氏の主任弁護人を務め、ゴーン氏の弁護士も引き受けた)、佐藤博史弁護士、ジャーナリスト・魚住昭氏との座談会(『特捜検察は必要か』所収)で次のように発言しました。

【主任検事の証拠物改竄事件は問題外の事件だと思う。非常に無理な捜査、杜撰な証拠判断、あるいは詰めの甘さ、供述を中心にした無理な事件の組み立てというものがあって、それを糊塗《こと》するためにこういう事件が起きたのだと思います。

特捜事件の捜査というものの持つ危うさが、その前提にあるのだろうと思います。つまり、自分のところで事件を見立てて、内偵をする。捜査を進めていって強制捜査に入る。これは、船で言ったら、大艦隊が港から出て行ったような形の捜査になるわけで、実際上、途中で引き返すことはなかなかむずかしい。主任検事はその指揮官ですから、非常にプレッシャーがかかる。

フロッピーディスクを改竄したことは、すぐれて個人的な事件だと思いますが、背景に、成果主義というか、誰かを捕まえて成果を上げなければいけないという発想が、特捜事件（捜査）の根底にあるのではないか。魚住さんが言われたチェックする機能がなければ、また同じことが起こりますね。

私は検事在職三六年間で、そのうち合計一二年間東京地検特捜部にいましたが、私が歩んできた特捜部では、証拠をねじ曲げるとか、筋をねじ曲げるなどということは、まずなかったと言っていいと思います。矛盾する証拠がある場合は、いくらでもあるわけだけれども、こんな決定的な証拠について吟味もしないでやるなどということは、まずあり得ない。

それから、「筋読み」をみんな悪いことのように言うけれども、こういう事件の時に主任検事が筋読みをしなかったら、事件が進まないですよ。ある一定の筋読みを立てて、それに向かって進んでいく。ただし、修正しなければいけない時は臨機応変に修正しながらやるということで、柔軟性をもってやっていたと思います】（『特捜検察は必要か』）

座談会のときの私の発言を紹介しましたが、前田元検事がフロッピーのデータを改ざんしたことは、検察官として裁判になってからの整合性を問われたときに困ると考えてやったことだと考えられます。いずれにしても、とんでもないあり得ない話だと思います。あまりにも裁判に勝つのにこだわって、不正にまで手を染めてしまったのです。

捜査の過程では、どこまで追及して、どこまでが本当かどうかは、取り調べている本人も、なかなかわからないところがあります。客観的に見ると、「これはこういう筋で、こうなっているはずだ」というのはわかっていても、本当のところは神様しか知らないところがあるわけです。

だから、検事はいろいろなゆさぶりを容疑者にかけながら、真実を求めていく。虚偽だとわかっていて、それを調書にして起訴するということは、普通はあり得ない。供述がウソだと途中でわかったら、捜査をやめにします。

この事件で、検察のチェックが働かなかった問題については、私は座談会で次のように発言しています。

【検察のチェックがどうだったのかという点ですが、特捜事件というのは、検察が自前でやる事件ですから、他の事件と比べたら決裁は厳しいんです。しかも、村木局長のように、現職の官庁の局長を捕まえるというのは、ある意味では重大事件ですから、高検、最高検に全部決裁を上げて、検事か主任検事、あるいは次席検事が行って説明するということを、きちんとやっているはずです。東京地検特捜部が行なう、代議士を捕まえる事件などは、御前会議といって、検事総長のところまで行って侃々諤々やるんですけれども、そういう意味では必ず上まで上がっていると思います。ただし、ペーパーで上がってペーパーで了承しているのか、あるいは実際に会議を開いて証拠内容を一つひとつ検討したのかどうかはわかりませんが】

いずれにしろ、そのチェックが甘かったのではないでしょうか。

## 村木氏を泣かせた検事の一言

村木さんは、著書『私は負けない』（中央公論社　二〇一三年十月刊行）の中で検事とのやりとりについて、こんなふうに書いています。

【とにかく、検察側にとって都合のいい、少なくとも都合の悪くないことだけをつまみとってまとめた文章を示されて、そこから交渉が始まります。「私はこんなことは言っていません」とか、「こういう言い方はしていないはずです」とか、「これはそういう意味ではありません」とか……。いくら交渉しても、言いたいことを書いてもらえるわけではないので、私の説明通りの調書にはなりません。それでも、せめて嘘の内容は入れさせないために、それから誤解を受けるような表現をできるだけ避けようと、一言一句の確認に本当に神経を遣いました】（前同書）

さらに、こうも書いています。

【遠藤検事の口調は、ごく普通で、怒鳴られたりしたことはありません。ただ、一度、心の底から怒って抗議したことがあります。それは、私の「罪」について、遠藤検事が「執行猶予がつけば大した罪ではない」と言った時です。検事さんとしては、執行猶予がついて刑務所に行かなくて済めば、たとえ有罪になっても大したことではない、という感覚のようです。これは、とうてい受け入れられるものではありませんでした。

「検事さんの物差しは特殊ですね。われわれ普通の市民にとっては、犯罪者にされるかされないか、ゼロか百かの問題です。公務員として三〇年間築いてきた信頼を失うか失わないか、そういう問題なんです」と泣いて訴えました。この時のことは、今思い出しても、涙がこみ上げます。検察はそういう感覚で、人を罪に問うているのでしょうか。

この時の取り調べは、私が泣いたので、休憩になりました。しばらくあとで、取り調べが再開された時、遠藤検事は私の前に座るなり、「村木さんは物差しが違うと言われましたが、そうかもしれません」と言いました。私は、「職業病のようなもので、感覚が麻痺しているのかもしれませんね」と感じたことを投げかけてみました】

普通の感覚では、「やっていない」と言えば、「やっていない」という調書を作るのではないかと考えるかもしれません。しかし、取り調べで、相手の言うことを「そうですか」とだけ聞いていたのでは、真実は追及できません。その検事の個性によりますが、そこで相手を厳しく追及したり、時には穏やかに説得をしたりして、どこまでも真実を追い求めるかが検事の役割です。このやり取りを見る限りは、遠藤検事は、私に似て穏やかなタイプのようです。

どんなに言葉を荒らげて厳しく追及したとしても、相手が「やっていない」と言っているのに、「やった」という調書をつくることはできません。

とはいえ、相手が「やっていない」と言っただけで、すぐに「そうですか。ではそういう調書を作りましょう」と、相手の言い分のままの調書を作っていたら、特捜検事など務まりません。真実はそんなにすぐには出て来ません。

特捜事件ではありませんが、たとえば殺人事件で捕まった人が殺意があったとしても、最初から、それを素直に認める人は、ほとんどいません。百人中九十人以上は、たとえ殺意があったとしても、「殺すつもりなどなかった。思わずそうなってしまった」などと答えて殺意を否定します。殺意を認めれば「殺人罪」、殺意がなかったことになれば「傷害致死罪」あるいは、「過失致死罪」となるからです。少しでも量刑の軽いほうを選ぶのは人の常です。

一般の犯罪であっても、物的証拠だけで犯罪をすべて立証するのは難しいものです。だから自白が重視される。しかし、罪を認めていったん自白していても、裁判では取り調べで強要されたといって自白をひるがえすようなケースはたびたび生じます。

ことに特捜が扱う経済犯的な事件は、だいたい供述が証拠の中心になります。共謀したかしないかなど、検事が全体の状況をわかっていないと思ったら、取り調べられる側もしゃべりません。

検事は「あなたがこういう場面で、こういう人とこう接触していて、こういう状況下で何があったのか」と追及していきます。たとえば、「こんな供述もあるけれども、これは正しいのか、正しくないのか」などと、ほかの人の証言、組織全体の構図、事件の構図をすべて頭に入れたうえで理詰めで追及していきます。

調べられる側は、自分の周囲の人たちまで調べが広がっていて、「ここまでわかっているのか」「こんな人まで調べて、こういうところまで聞いているのか」と固められることによって、「じゃあ、（事実を）申し上げます」となるのです。

その過程で、検事の追及が鋭くなるのは当然です。やさしく説いて聞かせて、相手がしゃべるとは限りません。私はそんなことはしたことはありませんが、検事によっては、机をドーンとたたいたり、怒声をあびせる人もいるでしょう。

私は、まずは天気の話、世間話などをして場を和らげて相手が自らしゃべるのをじっくり待つタイプです。だからといって、相手が完全に黙秘している場合などは、いつも穏やかな取り調べばかりで済みませんが。

取り調べの一場面をとらえて、そのときに「やってはいない」と言ったからといって、「すぐに調書を取ってほしい」といっても、検事の立場からは、それは通りません。取り調べは全体的な構図の中で行われています。ただし、その見立てが間違っていると、この村木事件のように、とんでもないことになることもありますが。

## 捜査自体が杜撰だった

特捜ＯＢとして、この事件を見たとき、特捜部に重大事件、特に大物を摘発するのであれば、何をやってもいいという風潮が蔓延しているのではないかと強い危惧を感じました。

検事が証拠品を改ざんするなどということは、まず考えられません。正直、それが事実だと判った時には悪夢を見ているような気分がしたものです。これまで築いてきたわれわれの特捜の捜査に対する国民の信頼が完全に崩れ去ってしまったからです。

特捜を離れて弁護士の立場から見ると、このところ、検事が被疑者の弁解にまったく耳を傾けず、主任検事の筋読みに無理に供述を当てはめるような強引な事例が目立ちます。問題となったFD(フロッピーディスク)はもっとも重要な証拠です。それにもかかわらず、前田恒彦元検事の上司に当たる人たちは誰も見ていなかったのでしょう。更新日時について、きちんと詰めていれば、「村木さんの逮捕は当面見送ろう」となったはずです。

この事件がなぜ起こったのかを検証すれば、特捜が手がける「特捜事件」の怖さが浮かび上がってくると思います。

警察から検察へ送致される事件の場合、検察は警察の捜査の結果、証拠などを、ある程度突き放してというか客観的に見ることができます。だから、起訴しても公判を維持するのが難しいと判断すれば、ストップをかけて起訴を見送ることもできます。

しかし、特捜が事件の端緒を摑んで、自らの独自捜査で立件した事件となると、みんなが前のめりになってしまう。それも、中央官庁の局長クラスの大物が絡んでいるという筋読みがあれば、担当検事にとっては、いわゆる「巨悪」を捕える千載一遇のチャンスになる。多少の矛盾には目をつぶって、有罪にプラスになる情報ばかりに目が行きがちになってしまいます。そこが特捜捜査の怖さでもあるのですが、そもそもは、「割引郵便制度悪用事件」の捜査自体が杜撰《ずさん》だったというしかないのです。

## ②佐藤栄佐久（元福島県知事）収賄事件は冤罪だ

### 村木事件と佐藤栄佐久（元福島県知事）事件との相似性

私が、二〇〇四年に退官して弁護士になってから、特捜の捜査・起訴事件に関して、弁護士として真っ向から対決するケースも出てきました。弁護士として、特捜の扱った事件を何件か扱ってみてびっくりしたことがありました。非常に捜査が粗雑だし、調べ方が威圧的、権力的で、こんな取り調べで得た「自白」を根拠に、強引に起訴して大丈夫なのかと思わさせられることもしばしばだったからです。

その代表的事件が、東京地検特捜部が立件した元福島県知事の佐藤栄佐久氏のケースで、私は主任弁護人としてかかわりましたが、この佐藤元知事の収賄事件は今でも、間違いなく冤罪事件だったと思っています。

ところで、「村木事件」の主任検事で、フロッピー改ざんで検察庁を馘首された前田元検事は、この佐藤元県知事事件の捜査にも関与していました。彼は贈賄側や元土木部長などの取り調べを担当し、強引な取り調べで、「知事へ贈賄した」という虚偽内容の調書を作成しました。

この佐藤元知事の収賄事件は大阪地検特捜部の「村木事件」同様に、虚構の冤罪事件です。検事は元知事の弟の「自白調書」をねつ造し、佐藤元知事を逮捕しています。事件の成立を妨げる重要事実を隠し、関係者を威圧的に取り調べて、虚偽事実で固めた調書を作成するなどして、佐藤元知事を収賄者に仕立て上げたのです。

事件については、福島県の県政にからむことで、ご存知のない方も多いかもしれません。簡単に事件の概要を説明しておきましょう。


二〇〇六年九〜十一月にかけてのことです。東京地検特捜部が、水谷建設の脱税事件を契機に、福島県における、木戸ダム工事事件や阿武隈川流域下水道整備工事事件や選挙違反事件などで、佐藤元知事ら関係者を逮捕・起訴しました。佐藤知事は弟の逮捕をもって知事を辞職しました。

検察側の主張は、二〇〇二年八月に、前田建設工業が二〇〇〇年八月に受注した木戸ダム工事の謝礼の趣旨で、その下請業者である水谷建設が佐藤元知事の弟が経営する「郡山三東スーツ」の所有用地を時価より高い価格で購入したことが、佐藤氏への賄賂だということでした。つまり、その差額が賄賂に当たるというわけです。

この事件の取り調べで、ある被疑者は、取調官に罵倒され続け、机をたたかれ、背広を床に投げつけられ、書類を叩き破られたと言っています。「こんな拷問のような捜査が行われているというのは驚きだ」と語った裁判関係者もいます。

公判審理で、多数の証人が出廷しましたが、その多くは捜査段階の供述を翻し、検察官調書の内容は虚偽であると証言しました。

佐藤元知事の実弟も公判で取調状況を供述して、「事実を認めないと、二人の息子を逮捕する」「長期勾留し、保釈は認めない」「知事は抹殺する」などと、検事に、机を叩き怒鳴りつけられ、背広を床に投げつけられるなどの威迫的な取り調べを受けて、虚偽内容の調書に署名したと証言しました。

しかし、取り調べた検事は、威迫的な取り調べの大半を否定しました。弁護人として私は捜査時点で連日被疑者と面談して、その内容を記録しているので、どちらが真実かを知っています。

## 実質無罪の高裁判決

私が佐藤栄佐久氏の主任弁護人を務めたのは、佐藤氏が私の出身高校福島県立安積《あさか》高校の先輩で、捕まった弟さんも高校の後輩という関係にあったことからです。

この裁判の経緯については、私が連載を持っている「福島民報」の「日曜論壇」で取り上げているので、そこから紹介してみましょう。
二〇〇八年八月八日の第一審の東京地裁の判決で佐藤氏は懲役三年、執行猶予五年の有罪判決が出ました。その後の「福島民報」で、私は次のように書いています。

【北京五輪が開会した八月八日、東京地裁で元福島県知事に対する収賄事件の判決が下された。結果は有罪。執行猶予つきの懲役であった。しかし、判決内容を詳しく読んだ人は、なぜ元知事が有罪なのか明確には理解できなかったのではあるまいか。判決にはしきりに元知事の関与は薄い、積極的に加担していないという言葉が随所に出てくるからである。

検察官は、元知事は実弟とともにダム工事発注の謝礼として、時価八億の土地を九億七千万円で建設業者に買い取ってもらい差額の一億七千万円を賄賂として懐に納めたと主張した。これが事実なら、間違いなく元知事には実刑判決が下される。ところが、判決は、土地の買い取り価格は八億七千万円だとし、一億円は土地代金ではなく、また元知事の知らない金であって、検察官の主張は間違いだとし、元知事には利益がまったく渡っていなかったとして追徴金もゼロにした。

日経ビジネスのウェブサイトには「影さす特捜神話。実質無罪」と出ている。地裁判決は一種の大岡裁きである。検察官に「有罪」ということで「名」を取らせ、事実を縮小認定し、量刑などで弁護側に「実」を取らせたのである。裁判所の出した結論をたとえて言うならば、「千円相場のものを千百円で買わせたから収賄だ」というのだ。これは世間の常識にかなうのか。控訴審はどのような判決を下すだろうか】（「福島民報」二〇〇八（平成二十）年九月七日）

二〇〇九年十月十四日の東京高裁判決では、佐藤氏に懲役二年、執行猶予四年の判決が下されていますが、その後の「福島民報」で、私は次のように書いています。

【私が関与する佐藤栄佐久元福島県知事の収賄事件について、十月十四日に東京高裁の判決があった。収賄は「有罪」だが、収賄金額は「ゼロ」という内容だった。奇妙なことに、勝ったはずの検察側が「主張が受け入れられず遺憾」と肩を落とし、負けたはずの弁護団が「この判決は実質無罪である」と胸を張ったのだ。新聞報道もまちまちで、どちらに軍配が上がったのか理解できない様子だった】（前同　二〇〇九（平成二十一）年十二月十三日）

## 「賄賂ゼロ円」で有罪の最高裁の判断は正しかったか

私は、それまで公判で、「検察官は調書をねつ造した」「筋読みと矛盾する客観的事実を意図的に隠した」と主張してきました。私は、この有罪判決が最高裁で是正されると確信していたのですが、最高裁は、二〇一二年十月十六日、弁護側、検察側双方の上告を棄却しました。結果、佐藤元知事に懲役二年、執行猶予四年、弟に懲役一年六カ月、執行猶予四年という高裁判決が確定しました。

決定では、「売買代金が時価相当額であったとしても、当該土地の売買による換金の利益が賄賂に当たる」というもので、実質、賄賂はゼロというもので、これは、検察側、弁護側の双方の顔を立てた「名判決」（決定）ならぬ、「迷判決」（決定）とはいえるのでしょう。しかし、罪に問われた側としてはとうてい納得できるものではありません。佐藤元知事は、最高裁の決定後、次のようなコメントを出しています。

【本日10月16日、最高裁判所は、私、佐藤栄佐久の上告を棄却する決定を下しました。私は、この裁判で問われている収賄罪について無実であり、最高裁の決定には到底、承服できません。真実から目を背けるこの国の司法に対して、大変な失望を感じています。

（中略）

そもそも、この事件は「ない」ものを「ある」とでっち上げた、砂上の楼閣でした。

一方、私の事件の直後に起きた郵便不正事件のフロッピーディスク証拠改竄事件の発覚によって、特捜検察の、無理なストーリーを作っての強引な捜査手法が白日の下にさらされました。フロッピー改竄事件で実刑判決を受け、服役した前田恒彦検事は、私の事件で水谷功氏を取り調べ、水谷氏に取引を持ちかけた検事その人なのです。

当然、私の事件はすべて洗い直され、私には無罪判決が言い渡されるべきでした。

しかし、最高裁は私と検察側双方の上告を棄却した、そう聞いています。

確定した二審判決である東京高裁判決は、大変奇妙なものでした。私と弟の収賄を認めたにもかかわらず、追徴金はゼロ、つまり、「賄賂の金額がゼロ」と認定したのです。そして、判決文では、「知事は収賄の認識すらなかった可能性」を示唆しました。ならば無罪のはずですが、特捜部の顔も立てて、「実質無罪の有罪判決」を出したのです。

今日の決定は、こんな検察の顔色を伺ったような二審判決を、司法権の最高機関である最高裁判所が公式に認めたということなのです。当事者として、こんな不正義があってよいのかと憤ると同時に、この決定は今後の日本に間違いなく禍根を残すと心配しています。

福島県民のみなさま。日本国民のみなさま。

私は、弁護団とも相談しながら、今後とも再審を求めることを含めて、無罪を求める闘いを今後も続けていきます。どうか、お心を寄せていただきますようお願いします】

（「財界ふくしま」〈二〇一二年十二月〉より）

## 裁判結審後も闘っている佐藤元知事

事件後、佐藤氏は真相を明かす手記『知事抹殺――つくられた福島県汚職事件』（二〇〇九年九月十六日　平凡社）という本を出版しました。その後、著書をもとにしたドキュメンタリー映画『「知事抹殺」の真実』（二〇一六年制作　安孫子亘監督）に自ら出演し、講演活動なども活発にされています。

私は公判で「検察官は調書をねつ造した」「筋読みと矛盾する客観的事実を意図的に隠した」と主張したのですが、村木事件以前ということもあり、当時の裁判所は「特捜検事がまさかそこまで……」と信じなかったのです。

## 検事、弁護士、どちらの立場に立っても、真実を求めるのは同じ

この福島県知事の事件は、福島ではなく、東京地検特捜部が扱った事件です。ですから、法廷は東京で開かれ、私は主任弁護人なので、弁護団を指揮して毎回法廷に出て検察側と

やりあいました。この事件は、検事時代と同じぐらい、あるいは、それ以上のエネルギーを使いました。

やめた検事が弁護士になって、今度はまったく反対の立場になって、検察側と闘うということがあります。いわゆる「ヤメ検」は、検察側のことをよくわかっているので、弁護される側が勝てる可能性が高くなるということで、依頼するのでしょう。

基本的には、検察側も弁護側も同じであって、「この事件の真実は何か」ということを求めて、いろいろ闘って議論するのです。

山に登るのにたとえると、どの道を登るかが違うということです。目指すところは、何が正しいかということです。そこで持っている証拠などは違ってきます。検察側は強制力を使って証拠を集めるのですが、弁護側は本人側に立って、いろいろな人に話を聞いたりして証言、証拠を集めるわけです。事実の解明という点では同じでも、どちらの側に立つかによって、見方がまったく違ってくるのです。

かつて特捜部長をやって汚職事件の摘発にあたった人が、弁護士になったら、今度はなぜ悪いことをした側に立って弁護するのか、カネのためなら何でもやるのか、などと言われたりしました。

そう言われると、私はいつも、「どちらの側にいても、真実を求めるという点では同じだ」と答えます。たしかに、罪を犯していることが立証されて有罪になるのはつらいことではあるが仕方がないことです。しかし、誤解されている点、あるいは、針小棒大に言われている点など、いろいろとあるので、それを削ぎ落として、何が事実かをきちんとするために弁護をすることもありうるのであって、決して矛盾はしないという説明をしています。

## ゼネコン汚職事件時の検察の汚点

ついでに触れておきますが、私にとって汚点ですが、特捜部長時代に独自捜査を行った時に検察の不祥事がありました。

さきに私が特捜部長として担当した「ゼネコン事件」については触れましたが、この捜査のときに、静岡地検浜松支部から応援に来ていた検事が取り調べ中に参考人に対して暴力を振るうという事件が発生したのです。

当時、宮城県内の関係者の取り調べは、東京地検特捜部が仙台地検の取調室を借りて行っていました。その応援に来ていた検事が、参考人が前日に言ったことと今日言ったことが違うというように、供述をころころ変えるので、キレてしまって、相手を壁に向かって立たせ、後ろから腰を蹴飛ばし、顔面を平手打ちするといった暴力を振るったのです。

このことは、その参考人の弁護士が「特捜部長にお会いしたい」というので、はじめは特捜副部長に会ってもらい、そこから話が伝わってきました。私は「まさかそんなことはあるはずがない」と思いましたが、特捜の副部長に当の検事を呼んで話を聞いてもらいました。検事は「厳しくは調べたけれども、そんな暴力は振るっていません」と言う。

しかし、その弁護士の話によると、その参考人は、タクシーで帰るときに、検事に暴力を受けて鼻血が止まらなくなり、タクシーの運転手からチリ紙など拭くものをもらって、車の中で拭いて自宅まで戻ったなどと、供述が具体的なものでした。そこで、「これは放っておけない」と、特捜部長である私自らが当該検事の立ち合いの事務官を調べました。

事務官に「あなたは取り調べの最中に、検事が暴力を振るうのを見たか」と聞いたところ、「他の検事との連絡の仕事もあって、私は用事で出たり入ったりしていたので、私はそのような場面は見ておりません」と否認しました。

そこでさらに「ひと言答えてくれ、取調室の中で血が流れたか」と鋭く問い詰めたところ、事務官は、じっと下を向いたまま黙っていたので、私は「検察は真実を追求するところだよ。嘘なんか言ったらだめだよ」と説得しました。すると、事務官はようやく「取調室で血が流れるのを見ました」と答えたのです。

それで、その検事を呼んで調べたら、今度は「やりました」ということで、東京高検に話して、その検事の身柄を特別公務員暴行陵虐《りょうぎゃく》致傷罪で逮捕して起訴してもらいました。私はもみ消すなどといったことはまったく考えもしませんでした。

このとき、東京地検の石川達紘次席検事と特捜部長の私、熊崎勝彦特捜副部長の三人で

「おれたち監督責任を問われるね。クビになるかもしれないね」などと話したほどです。結果はといえば、私は国家公務員の懲戒処分である「戒告」処分になりました。「これで私の検察官人生も先がないな」と思ったものです。しかし、その後「二回、三回監督責任を問われても検事総長になった人もいる」という話を聞いて、気を取り直して検事を続けたわけです。ゼネコン汚職では、そうした検察の汚点もありました。

## ③「陸山会事件」は地検特捜部の暴走、勇み足だったのか

### なぜ小沢一郎氏は無罪になったのか

「陸山会事件《りくざんかい》」も特捜の問題を浮かび上がらせました。「陸山会事件」とは、簡単にいえば、小沢一郎氏の資金管理団体・陸山会が東京都世田谷区の土地を購入した際（二〇〇四年十月）に、小沢一郎氏が出した四億円の経理処理をめぐって、二〇〇四、二〇〇五、二〇〇七年の政治資金収支報告書に虚偽記載をしたとされる事件です。

二〇一〇年一月に、東京地検特捜部は、政治資金規正法違反容疑で石川知裕衆議院議員（当時）や小沢氏の元秘書らを三人を逮捕し、起訴しましたが、小沢氏については、嫌疑不十分で不起訴としました。

私は当時の「福島民報」の「日曜論壇」（二〇一〇年二月十四日掲載）で次のように書いています。

【東京地検特捜部がこのところ話題に上っている。週刊誌などは「検察の暴走」「小沢潰

しの見込み捜査」「民主党ねらい打ち」などと書き立てている。

特捜部は昨年（二〇〇九年）三月に小沢一郎民主党代表（当時）の資金管理団体「陸山会」の政治資金をめぐる問題で公設秘書を逮捕した。その約十カ月後の今年（二〇一〇年）一月に小沢氏の個人事務所、ゼネコンの本社などの家宅捜索を行い、続いて小沢氏の元秘書石川知裕衆議院議員や元会計責任者ら三人を政治資金規正法の虚偽記載罪で逮捕した。

土地取引の資金四億円の出入りを収支報告書に記載しなかったという疑いだ。通常国会が始まる直前の逮捕で、政界には激震が走った。さらに、現政権最大の実力者である小沢氏を二度にわたって「被疑者」として聴取した。誰もが、これは小沢氏がターゲットで、「小沢氏はやられる」と感じたはずだ。ところが一転して、小沢氏は「嫌疑不十分」で不起訴とされた。

罪を犯した疑いは残るが、証拠が十分でないという理由だ。三人の秘書らが小沢氏の積極的関与を裏付ける十分な供述をしなかったのだろう。「秘書の壁」が検察の行く手を阻んだようだ。しかし、この期に及んで証拠が足りないとはどういうことなのか。そんな甘い見通しで捜査に着手したのか疑問が残る】

その後二〇一一年六月、裁判中に小沢氏との共謀を認めた石川氏らの供述調書が、取り調べの問題から「証拠能力なし」と判断されました。検事との取り調べ中のやりとりを石川氏が録音していて、検察の暴走というか、あまりにも威嚇するような物言いが世間に知れ渡り、こんな杜撰な捜査で集めた証拠ではダメだと裁判所も判断したのです。

結局、石川氏ら元秘書については、有罪が確定しましたが、小沢氏は不起訴になりました。しかし、市民団体による検察審査会への審査の申立てがなされ、検審の二度にわたる起訴相当議決が行われたことにより強制起訴されました。しかし、二〇一二年十一月、東京高裁の控訴審が、第一審の判決(秘書との共謀はなし)を支持し、無罪判決が確定しています。

## 特捜不要論の背景に「国家権力」の罠あり

最近、政治家の贈収賄事件が、かつてほどはあまり目立たなくなりました。それは、選挙制度が変わって、小選挙区制になったことが影響しています。昔は中選挙区で同じ政党同士の候補が同じ選挙区で争わなければならず、たとえば、三人当選する選挙区で、自民党候補が三人立って、野党候補と争うだけでなく、自民党の候補同士で潰しあうようなことが起こりました。そのために選挙におカネがとてもかかったのです。

それが小選挙区になり、同じ党の候補は一人に絞っているので、同じ選挙区で同じ政党の候補者同士が争わなくてすむようになっています。そのため、自民党の議員ならば他党の候補者に勝てばいいわけです。同じ党での足をひっぱりあいは原則なくなりました。

さらに、いまは政党助成金が出るので、政党に入って有力な派閥に入っていれば、候補者個人は、それほどおカネがかからなくなっています。

そうしたことがあって、選挙違反事件や贈収賄事件が起こりにくくなっているということがいえます。そもそも、贈収賄事件の多くは、政治家等が利権に首をつっこみ、職務権限にからんで業者等から裏金等を貰うなどのケースがみられるのですが、政治家がどんどん欲に政治資金を集める必要がなくなったため、そういう意味からも、政治家の贈収賄で、特捜部が動くような事件が少なくなっています。政治家については、贈収賄事件ではなく、「政治資金規正法違反事件」といった形に矮小化されてきています。そのために、「特捜部不要論」も出てきています。

村木事件が起こったのは、背景にそうしたことがあります。私がいた時代の特捜部は別に事件を漁らなくても、世の中にいくらでも事件が転がっているという感じでした。私からすれば、特捜部の価値が下がったというよりも、政治機構が変わったことでターゲットになるような「巨悪」が少なくなったのも事実です。

そういった背景があり、さらに一連の検察不祥事が明るみになり、メディアでは「特捜不要論」がしばしば言われるようになりました。しかし、本当にそうでしょうか。

特捜部の先輩検事でロッキード事件の捜査に当たった堀田力氏との対談で、特捜部の必要性についていては、私と堀田氏は次のように一致しています。

【堀田　世界に目を転じれば、汚職と国の繁栄は反比例してみえる。汚職がはびこれば、まじめに働くことがバカバカしく思えてくるのは理の当然。日本も、戦後そうなりかねない環境にあった時、特捜が頑張ったわけですよ。行き過ぎて無罪も出したけど、「特捜が怖い」という抑止効果の持つ意味は大きかった。日本人が勤勉に働いて経済発展を遂げた功労者の一人は特捜です。今ある問題を乗り越え、今後もそうあらねばいけない。

**宗像**　同感です。特捜は常にアンテナを張っていて、いつ動くか分からない。国家権力にとっても、「来られたら困る」恐ろしい存在なのです。万が一なくなったら、日本社会は腐敗し、劣化していくだろうと思います】（「中央公論」二〇一〇年十二月号）

「国家権力」を適正に牽制するためにも、私は特捜部の必要性は今後もさらに大きいと考えています。

## 可視化によって行き過ぎた取り調べがなくなる

いろいろな不祥事が問題になったことで、いまは特捜事件はほとんど身柄事件については、一〇〇%取り調べの映像を撮るようになりました。すなわち取り調べの可視化です。ちなみに、身柄事件とは、逮捕・勾留して、警察署の留置所または拘置所に身体を拘束し取り調べをする事件です。日産のゴーン会長逮捕事例などは、これに相当します。

他方、在宅事件とは、事件当事者の身体を拘束せずに、当事者は通常通りの生活を送りながら捜査される事件で、取り調べは警察や検察から呼び出して行います。

取り調べの可視化は、厚労省の村木厚子氏の無罪が確定した文書偽造事件をきっかけにして、捜査・公判改革の議論がはじまり、二〇一六年五月、裁判員裁判事件と検察の独自捜査事件を対象に取り調べ全過程の録音・録画を義務付けた改正刑事訴訟法が成立したことによります。

検察の独自捜査とは特捜部等の検察官による事件のことですが、これらが「全面可視化」されるということです。以前、佐藤優氏と対談したとき、可視化について、次のようなやりとりをしました。

**【佐藤**　私はやはり捜査の可視化、それも被疑者のためだけの可視化ではなく、検察官に無理をさせないための可視化が必要だと思うんですよ。ただ、誤解なきように言いますが、取り調べの過程で検事が机を叩いても、怒鳴ってもいいです。相手は巨悪なんですから、物証を突きつけて、「嘘をつくな！」と怒鳴る局面があっても全く問題ない。そういう過程を公表し、怒鳴らざるを得ない状況はこうだったんだと説明できるようにする。そういう形で公判を成熟させていければいいんです。

（中略）

**宗像**　（中略）特捜事件は、犯罪になるかならないかの境界線上にある事件が多いわけで、どうしても供述が中心になりますから危ういんですね。本当に悪い奴は、最近は証拠を残さないようになってきていますが、それでも状況証拠などを積み上げて犯罪を立証することはできる。だから、私はやはり捜査の可視化はやったほうがいいと考えるようになりました。つまり、今のような特捜の調べなり体制でやるという前提ならば、可視化をやらなきゃだめだと思います】（「新潮45」二〇一〇年十二月号）

私は検察をやめて最初の二年間ほど、可視化によって現場にプレッシャーがかかったら、必死に罪を逃れようとする被疑者に対して、厳しい取り調べなどできないのではないかと反対でした。しかし、すでに述べた佐藤元福島県知事の事件などを弁護士として担当した体験から、あまりにも限度を超えた取り調べが横行しているので、「可視化やむなし」という考えになりました。

いまの検事はあまりにも成果主義に陥っています。見立て通りの調書さえ取れればいいとばかりに、威圧的、威迫的、利益誘導的な質問を平気でし、それを強引に供述調書にまとめあげようとすることが実際に起こっています。

法廷で担当検事にそのことを追及すると、検事は「やっていません」の一点張りで、裁判所も「まさか検事がそんな取り調べはしないだろう」と思っているので、検事のその言い分を信じてしまいがちでした。たしかに、特捜部は難しい事件を追いにくくなっているとは思いますが、現実がひどすぎるのです。ですから、可視化によって、行き過ぎた取り調べがなくなることはいいことだと思います。

## 日本版司法取引制度とは

可視化することによって、供述が取りにくくなることは確かです。それを補う意味で、二〇一八年六月から日本でも「司法取引」がはじまりました。

「司法取引」とは、他人の犯罪を明かす見返りに、自分の刑事処分を軽くしてもらうというものです。司法取引には、自分の罪を認める代わりに罪を免れたり刑罰を軽くしたりする「自己負罪型」と、他人の事件の捜査や公判に協力する代わりに自分の罪を軽くしてもらったり不起訴にしてもらう「捜査公判協力型」の二種類あります。アメリカではともに認められますが、日本の制度では後者だけが認められています。日本では正式には「司法取引」ではなく、「協議・合意制度」と呼んでいます。合意には弁護人の同意が必要です。

主に経済犯罪と暴力団などの組織犯罪が対象です。贈収賄や詐欺、薬物銃器犯罪、脱税、独占禁止法、金融商品取引法などが指定されました。殺人や性犯罪については対象外です。

ただし、この「司法取引」にも問題があります。自分の罪を逃れるために、嘘の供述をして、冤罪をつくる危険性があることです。虚偽の供述をした場合は、五年以下の懲役に処すことで、その危険性を減らすようにしていますが、それでも、自らの罪を逃れるために、無関係の人を巻き込む可能性もないとはいえません。

二〇一八年七月にはじめて司法取引を適用したケースがありました。他国の公務員への贈賄疑惑をめぐって、日本企業と東京地検特捜部との間での司法取引です。

東京地検特捜部が不正競争防止法違反(外国公務員への不正利益供与)の疑いで捜査していたものです。タイの発電所建設をめぐって、受注した側の企業である「三菱日立パワーシステムズ」の社員らが現地の公務員に多額の賄賂を渡した疑いでした。企業側が捜査に協力する見返りに、会社に対する立件を見送ってもらったというものです。

こうしたケースだと、外国からは供述を得られないので、国内だけで事件としてまとめるには限界があります。ですから、会社を許す代わりに、「真相をすべて供述してくれ」ということになったのでしょう。

会社が罰せられると、入札など公的なことができなくなってしまうので、企業としては社員が罰せられるという犠牲を払っても罪を逃れたほうがいいということになります。ただし、贈賄した社員だけが罪に問われることになり、会社は助かるが、会社のために個人は犠牲になるということにもなりかねません。

ごく最近では、日本中が大騒ぎになった、二〇一八（平成三十）年十一月十九日、日産のゴーン会長が逮捕される事件が起こりました。これについても、プロローグですでに指摘したように、日産側と特捜部の間で司法取引がありました。司法取引の中味は公にされておらず詳細を知ることはできませんが、おそらく日産の日本人幹部が免責される代わりに、ゴーン氏に関する「犯罪情報」を「証拠」を含め特捜部に全面的に提供したものと思われます。だからこそ、捜査の端緒が得られ、証拠収集が可能となり摘発できた事件であったといえるでしょう。

## ④「モリカケ」問題はマスコミの暴走、勇み足だった

### その程度の「忖度」は収賄罪にはならない

最近はどうやら下火になりましたが、いわゆる安倍首相をめぐる「モリカケ」問題についても触れておきましょう。これは世間が地検特捜部が捜査に着手することを期待していたのかもしれませんが、事件にはなりませんでした。私はもともと、これは事件性が薄く特捜部が着手するものではないと見て、そう論評してきました。

「モリカケ」問題とは森友学園の土地取引と加計学園の獣医学部新設に関して、安倍晋三首相や昭恵夫人が関与していたのではないかという疑惑です。

この「モリカケ」問題については、野党側が執拗に安倍政権を追及し、ずいぶんと問題が長引きました。しかし、この問題については、世間があれほど注目した中で、犯罪になるのならば、一年以上かけてやって何も出てこないはずがないと思います。

まず森友学園問題とは、二〇一六年六月に、学校法人「森友学園」に大阪府豊中市の国

有地が払い下げられた問題です。このときこの土地が不当に安く払い下げられたのではないかという疑惑です。不動産鑑定士が出した土地の評価額は九億五千六百万円でしたが、近畿財務局が出した払い下げ価格は約八億円値引きした一億三千四百万円でした。

当時の森友学園の籠池泰典理事長が近畿財務局との交渉において、昭恵夫人との付き合いがあることを強調したり、夫人に「力になってほしい」などの連絡をしたりしていたこともあって、安倍首相夫妻の影響で土地価格が不当に安くなったという疑いが出てきたわけです。

森友学園問題についての疑惑は、値引きに合理性があったのか、この取り引きに政治家、首相夫人らの関与があったかどうかの二点です。

この森友問題では、もう一つ問題が明らかになりました。財務省理財局による決裁文書改ざんです。財務省が、国有地払い下げの経緯を記した文書の中で、安倍首相や昭恵夫人の関与が疑われかねない記述を削除していたことです。

財務省は、二〇一八年五月二十三日には、それまで「残っていない」と国会で答弁していた森友学園と近畿財務局の交渉記録を国会に提出しました。同年六月四日には、改ざん文書の調査報告書を発表しています。これにて一件落着といえるでしょう。

一方、加計学園問題とは、長年認可が認められなかった獣医学部の新設が、「国家戦略特区」の事業者に、加計学園が選定され認められたことをめぐる問題です。この認可について、加計学園の理事長の加計孝太郎氏は安倍首相の長年の友人であったことから、「それによる贔屓や周囲の忖度があったのではないか」ということが疑われました。

メディアや野党は通常、問題となる請託や指示、共謀、あるいは利益の供与や金銭受託などの形跡がまったくないにもかかわらず、文部官僚（前川喜平元文部科学事務次官）の発言した「忖度」を金科玉条にして、「総理に対する官僚の忖度があった。忖度させたのが問題だ」と言い続けました。

だが、安倍総理が、友人だった加計孝太郎理事長とバーベキューをしたり、食事をした際に「奢ったり奢られたり」したことについても、これは社交や儀礼の範囲であり、利益供与や関係業者との供応には当たりません。一般的な庶民感覚で考えても分かるように、食事を奢ってもらったことによって、戦略特区の認定を認め、獣医学部の新設を加計学園に対して認めたという話ではありません。あまりにも対価性がない。つまり、「食事をご馳走した程度で、公になれば批判されるような優遇を行なうわけがない」と誰もが思うでしょう。

そもそも、安倍総理と加計理事長とが懇意の仲だからということで、安倍首相の周囲や官僚による「首相に対する忖度」が仮にあったとしても、その程度の忖度は何ら犯罪を構成するものでないことは言うまでもありません。

## なぜ文書改ざんにいたったか

その点、森友学園問題で、「なぜ土地売却価格が八億円も下がったのか」「公正な取引ではなかったのではないか」というのは当然起きうる疑問です。しかも、首相夫人が払い下げられた側の森友学園の名誉校長を務めていたのですから、メディアや世間が関心を持つのもある程度は頷けます。野党もこの問題で政府を執拗に追及し続けました。一部マスコミも、それに油を注ぐような形で、応援していました。その結果、官僚の「嘘」がいくつか暴露されました。

二〇一七年二月、財務省職員が森友側の弁護士を通じて籠池夫妻に「トラック何千台も使ってごみを撤去したことにしてほしい」などと伝えていた件について、二〇一七（平成二十九）年の時点では、辞職した佐川宣寿理財局長（当時）は国会答弁で「私どもはそのような電話はしていない」と言っていました。ところが、二〇一八年四月になって、太田充理財局長が電話でやりとりがあった事実を認めました。

なぜ、彼らは文書改ざんだけでなく、さらに国会答弁でも嘘をついたりしたのでしょうか。一部メディアや野党は「官僚が安倍政権を守るためにやった」と決めつけて追及しました。

しかし、本当にそうでしょうか。

彼らがそうしたのは、政権を守るためではなく、組織防衛のためとしか考えられません。「バレさえしなければいい」と、面倒を避けたかったからでしょう。しかし、かえって面倒なことになり、大騒ぎになってしまったのです。

大坂地検特捜部は、二〇一八年五月三十一日、森友学園に関する文書改ざんや土地取引について、財務省職員を不起訴処分にしました。

私は当初から「起訴は難しいだろう」とメディアなどで発言してきました。それまでにそろっている物証や客観的事実から、財務省職員らに刑事責任を問うことはできないと見ていたからです。

森友学園問題は、すでに述べたように、土地の払い下げにともなう値下げの問題と、財務省の文書改ざん問題の二つの問題を含んでいます。

土地取引については、国側は売却価格について、ある程度自由裁量権があります。また、隣の野田中央公園は補助金と相殺《そうさい》になり、ただ同然で豊中市に売られています。森友学園の土地については、あとからゴミが出てきて、森友学園と近畿財務局の折衝において森友学園の籠池夫妻から「開校が遅れたら、賠償請求を行う」などと言われたこともあります。

大阪地検は、財務省理財局がこうしたことを考慮して売買価格を下げたことについては、「著しく不合理なものとはいい切れない」と判断し、刑事責任を問えないという結論を出したのでしょう。

財務省が組織的に文書改ざんしたことについては、マスコミが大きく取り上げ、世間の関心も呼びました。しかし、大阪地検特捜部は、文書偽造なども含めて刑事事件にならないと判断しました。

決裁文書の改ざんは、パワハラやセクハラと同様に犯罪にはなりません。ただし、社会的には許されない行為で、社会的、政治的責任は問われることになります。二〇一八年四月には、財務省の福田淳一前財務次官がセクハラ疑惑で辞任（実質更迭）したことも記憶に新しいと思います。

この財務省の文書改ざんといっても、決裁文書から削除したのは、政治家の名前や首相夫人の名前を含む、交渉経緯であって、決裁文書にはもともと記載する必要のない記述（余事記載）でした。事実関係や数字などをまったく別のものに書き換えたりしたわけではありません。あるいは、削除して隠さなければならないような実態が記載されていて、そこが削除されたわけでもありません。ですから、不起訴は妥当な判断と考えられます。

たとえば、首相夫人の「新設小学校の名誉校長就任」などは、すでに事実として報道されていたことで、改ざん前の決裁文書が公開されることによって、はじめて明らかになったというわけではありません。

単なる組織防衛のために官僚にありがちな、小賢しい文書改ざんによって、かえってこの取引に疑惑があるように見えてしまっただけなのです。これは、単なる財務省側の失態でしかない性質のものです。

文書としてすでにでき上がり、決裁を経て関係官署にもわたっている文書を書き換え改ざんするなどということは、元検察官僚であった私の体験からいってもあり得ない行為です。なぜ、財務省の官僚がそんな幼稚なことをしたのか。それは「面倒なことを避けたい」という公務員特有の心理からだったと考えられます。

最初から決裁文書や記録を出して経過を明らかにしていれば、事態は早く収束したと思います。公務員は、結果的に、事なかれ主義や組織防衛のために悪事をなしてしまうことがあります。森友問題における財務省の一連の行動はその典型です。

## 文科省局長の息子の不正入試は、なぜ贈収賄になるのか

「カケ問題」に比べ、はるかに悪質な、特捜が取り上げるべき事件が、文部科学省に起こりました。佐野太技術学術政策局長が息子を東京医大に不正入学させたとして受託収賄の疑いで、東京地検特捜部に逮捕された事件（二〇一八年七月発覚）です。

東京医大を私立大学支援事業の「私立大学研究ブランディング事業」の対象校にする見返りに、自分の息子を東京医大に合格、入学させたというものです。この事業の対象校に

なれば、大学側は五年間にわたり二千万円～三千万円、すなわち計一億～一億五千万円の助成金を受け取ることができます。

佐野氏は、官房長だった二〇一七年五月、東京医大の関係者から「私立大学研究ブランディング事業」の対象校に選んでほしいと依頼を受け、二〇一七年十一月東京医大は応募し選定されました。その見返りに、二〇一八年二月、佐野氏の息子が入試点数を加点してもらい、合格したという疑惑です。

この事件の場合、息子を合格させるというのが、賄賂の目的物になるのかどうかが問題です。普通賄賂というとおカネですが、この場合はカネではないということです。法律的には、人の欲望を満足させるあらゆるものが賄賂とみなされます。たとえば、見返りに「美女を提供します」となれば、それも賄賂になります。

今回の場合、息子の入学合格保証が賄賂になるのかという問題もあります。そもそも、息子は父親とは別人格であって、その息子の合格が、親の利益になるのかどうか、ということです。

法律的に説明すると、一つの家計で一つの経済圏の中にいて、親が利益を受ける格好になっているかどうか。息子が自活しているようであれば、親はあまり影響がないので、少し意味合いが違ってきます。

佐野氏の弁護士が一番突いてくるとしたら、「息子が東京医大を受けるとは言ったけれども、点数をごまかしてまで入れてくれと向こうに言った覚えはないし、頼んでいない」と抗弁するといったところでしょう。大学関係者と官僚との間は、そのあたりは阿吽《あうん》の呼吸で、大学側がどの程度、官僚の意向を忖度したかどうか、ということになります。

このケースの場合、実際はわかりませんが、大学側には、「関係者の処分に関して緩くするから、全部しゃべって協力してくれ」という「司法取引」があったのではないかと見ることもできます。実際、東京医大側に対する捜査、処分は軽いものになっています。

不正入学は、私大といえども、理事長一人でできる話ではありません。点数を上乗せするにしても、理事長本人が採点をして点数を動かすということは考えられないので、受験処理の現場の誰かに指示をしてやらせているわけでしょう。

すると現場では、「なぜこの人の点を嵩上げしなければいけないのか」という疑問が当然出てくるでしょうし、それに対して「これは文科省の高官の息子だから」「理事長が言っているから」などというやりとりがあったとも想像できます。

つまり、この不正合格に絡んでいる人はたくさんいるはずです。知っている範囲が広がれば広がるほど、それだけ情報が外に漏れる可能性は大きくなるわけです。

また、「私立の学校が誰を入れるかは自由ではないか」という見方もあります。ただし、試験制度でやるかぎりは公平性に反することになります。しかも、私立学校に対する補助金を握っている監督官庁である文科省の高官がかかわっている事件です。

この事件は二重の意味でおかしいのです。「補助金付きの事業をあなたのとこにやるよ。そのかわり息子を入れろ」ということだけでも悪質なのに、さらに「点数をごまかせ」ということで、入試の公平性を害するようなことまでやっています。ですから、地検特捜部が摘発する意義は十分あるということです。

この事件が発端になって、東京医大が女性が合格しにくいように、女性の点数を低くしていた男女差別や二浪以上を不利にしていたなど、過去にさかのぼって、入試時点での差別的扱いがあったという事実か発覚しました。さらには、他の大学の医学部でも、同じようなことが行われていたことが問題になるなど、事件の波紋は広がっています。

## 特捜検事は撤退する勇気を持たなければならない

特捜検事として長く仕事をしてきましたが、そこから離れて刑事事件の弁護を引き受けるようになって感じるのは、最近の捜査当局の荒っぽさです。すでに述べたように村木事件や佐藤福島県知事事件もそうです。村木局長や佐藤知事という「大物」を逮捕したいばかりに、丹念な真相解明を怠ったのです。結果的に、村木事件の時は、肝心の「低料第3種郵便物割引制度」を不正利用した、その根本の捜査には行きつけなかったのです。刑事事件においては、真実をもっとも大事にしなければならないのです。

私自身、検事として仕事をしていたときの基本は、「真実が何かを追い求める」「正義を貫く」ということでした。ですから、事件を捜査していた真実とは違った方向に進んでいることがわかったときには、潔く撤退することが必要です。実際、捜査に着手して途中で撤退したことが何度もありました。捜査機関はつねに撤退する勇気を持たなければなりません。

ところが、最近の特捜捜査など、途中で撤退することができないケースが多くなっているように見えます。世の中の喝采を浴びたいために、イケイケドンドンで、真実ではないものを真実とする、正義に反する捜査が行われていることがないか、つねに検証することが必要なのです。検察の見込み通りにするために証拠改ざんするなど何をかいわんやです。自白を引き出す上では、物的証拠や状況証拠などの丹念な吟味が必要なのです。

## 検事と「ヤメ検」の関係

過去には、田中角栄氏の弁護人などに、元検察官の要職を占めてからやめて弁護士になった人たち（いわゆる「ヤメ検」と言われる）が何人もつきました。最近の事件でも、多くの特捜事件について、元特捜部にいた弁護士などが弁護人になっています。

直近では、日産のカルロス・ゴーン氏の弁護人に、かつての私の部下でもあった、元東京地検の特捜部長の大鶴基成弁護士（函館地方検察庁検事正、東京地方検察庁次席検事、最高検察庁公判部長などを歴任して二〇一一年八月に退官）が一時的でしたがつきました。彼は、特捜部長時代には、ライブドア事件や先に詳しく述べた佐藤栄佐久元福島県知事事件を手がけています。そういう意味では、私が弁護側に立った検察側の敵対相手だったということです。さらに東京地検次席検事時代には、陸山会事件捜査の陣頭指揮に立っています。

弁護人を頼む側の思惑からすれば、検察の手の内を知っているだろうし、また、検察側の追及が緩むかもしれない、事件の扱い方が変わるかもしれないなどと、検察に対して何らかの影響力があると思うのかもしれません。

たしかに、相手が検察庁の先輩であれば、現役の検事は、表面上は多少丁寧な対応をしてくれます。検事の先輩だった弁護士から連絡があれば、先輩、後輩としての交流があるので、杓子定規に一切話をしないといったことはありません。しかし、追及を緩めるなどということは決してありません。

たとえば、私が特捜部長や副部長をやっているころに、先輩のヤメ検の弁護士から「ちょっと宗像さん、会いたいんだけど」などと連絡が来たりしたこともあります。先輩ですから会いますが、会っても、先方はほとんど具体的案件には触れません。最後の帰り際に「いま特捜部で扱っている、こんな事件の弁護を扱っているんだけど、まあ、よろしく頼む」といった程度です。

私が弁護士になってから、逆に後輩の検事に個人的に会って話を聞くこともあります。「これ、本当はどうなの？」などと聞いても、後輩検事は「宗像さん、これはやらざるをえないんですよ」と言い、こちらは「べつにやってもらっても、しょうがないよ。それはかまわないけれど」などといったやり取りがある程度です。もちろん、こちらも取り調べの情報を聞こうという気もありませんし、相手も絶対にしゃべりません。

私が現役の検事のときに、先輩の「ヤメ検」の弁護士から連絡があったときには、「今度はあの人が相手か、さらに気を引き締めてやらなければ」と、逆にファイトがわいたくらいです。元特捜部出身の弁護士であれば、こちらの捜査方法など熟知しているわけですから、なおさらです。

もし後輩検事が「宗像さんが相手ではめったなことでは立証できないぞ」と思ってくれるだけでも、こちらとしては、やりがいがあるというものです。

「ヤメ検」の弁護士といっても、検察に対する影響力があるわけではないのです。「ヤメ検」に対する批判は強いものですが、かつて特捜部に逮捕された経験を持つ、元外務省の佐藤優氏と対談したとき、佐藤氏は次のように言っていました。

**【佐藤】** 特捜批判は、ヤメ検（検察官出身の弁護士）批判と表裏一体になっていますね。私は、自分の裁判で検察官出身の弁護士に弁護を依頼しました。彼らは、検察の内在論理がわかるし、証拠が持つ意味もきちんと分かる。私にとって重要なのは、供述をできるだけ事実に近づけるということで、その辺をよく理解してくれました。やはりこれは、検察官を経験した人たちの職業的良心に基づくものと思うんですよね】(「新潮45」二〇一〇年十二月号)

どちらの立場に立っても、真実の追求ということでは同じなのです。

# エピローグ――検事も弁護士も真実を追求するのは同じ――弁護士としての日々

## 「冷たい表情の裁判官」「居丈高な検察官」「金儲け主義の弁護士」になるな

検察を辞めて、中央大学法科大学院の教授として刑事法の講義をし、また刑事事件を主に担当する弁護士となりました。その大学院教授もすでに定年で二〇一一年に辞めました。しかし、法律家の道に進む若い人たちに言いたいのは、「法律家は『悪しき隣人』と言われる人にはなってはならない」ということです。つまり、法律という武器を小賢しく振り回して隣人を悩ませるような人にはなってはならないということです。

具体的に、なってほしくないのは「冷たい表情の裁判官」「居丈高な検察官」「金儲け主義の弁護士」です。

検事の仕事は、ある意味では、人間の本質を見るというところがあります。普通の場合は、つき合っていると、みんな正直な人だと思っていますが、実はそうではありません。世の中には、身勝手で、自分が得すればいいと、弱いお年寄りなどをだましてカネを巻き上げるような人、捕まっても言い逃れしようとする卑劣な人などがたくさんいます。だから、きちんとした、言い逃れのできない証拠を提示しなければ、そういう面々には迫れません。極限状況になると、その人間性が出てくるという面があるのです。

若いころは福島地検、秋田地検など地方の検察庁を回りましたが、そこで殺人事件なども扱ったことがあります。

知能犯を扱う特捜部と比べれば、粗暴犯的な普通の一般刑事事件というのはわかりやすいといえます。誰かを殺したというのであれば、だいたい何らかの動機があるわけです。

おカネが目的で一家五人を殺してしまったというような犯罪の場合には、それこそ極悪非道で、同情の余地など一片もない、許せないものです。しかし、長年親や妻などを介護してきて、自分のほうも体が弱ってきて、どうにも手に負えなくなって殺してしまったという事件はどうでしょうか。そんな、やむをえない動機で殺人に至ってしまったという事件もあります。最近、そういう事件では、殺人罪でも執行猶予が付くケースもあります。

同じ殺人事件であっても、事件によってまったく違うのです。検察官であろうと、弁護士であろうと、裁判官であろうと、そうした事情を丹念に調べて、真実にたどり着く法律家になってほしいのです。それが法律家として正義を貫くことだと思います。

正義を貫くということと関連しますが、私は「死刑制度」については維持すべきという考え方です。

日本は先進国の中でも死刑制度を維持している数少ない国の一つです。死刑制度については、「廃止すべき」か「存続すべき」か、さまざまな議論があります。これについては、刑罰の本質が応報なのか教育なのかというところまでさかのぼって考えざるを得ません。

検事として凶悪犯罪を扱ってきた体験から、私は、殺害された被害者の無念や家族の悲しみを思うと、「目には目を、歯には歯を」の応報刑を貫くべきだという考え方です。

たとえば身代金目当ての幼女誘拐のように無抵抗なものを誘拐して殺害するケース、殺害後死体を切り刻むなど非人道的なケース、オウムによる「地下鉄サリン事件」のように、多数の人を殺害するケースなどについては、死刑をもってのぞむ必要があると考えます。

連日テレビ、新聞などで報道されるように、凶悪犯罪は後を絶ちません。この世の中は善人だけで成り立っているわけではありません。そういう考え方は、犯罪者と連日接してきたからこその特殊な人生観なのかもしれませんが、一面の真実を捉えているものと考えています。

## 検事の仕事は人の心に痛みを与えることも自覚すべき

検事の側から見れば、犯罪事実の証拠を集めて被疑者を逮捕し取り調べを行って、事件の捜査は順調に進むとしても、逮捕される人のまわりには、その人が逮捕されることによって、家族、友人など、心を痛め嘆き悲しむ人が数多くいます。マスコミなどは、家族や友人などに取材攻勢をかけます。

私たちは正義を行っているとしても、そうした人たちの心の痛みを忘れてはならないことを自戒すべきです。

犯罪捜査はできるだけ任意で行うことが望ましいのです。ところが、すでに述べたように、最近、捜査機関が安直に容疑者を逮捕しているように見えるケースが多くなっています。

ゼネコン汚職事件の捜査をしていたころの私の日記では、次のように記してあります。

「今日、S建設の会長を逮捕することになった。人を逮捕するとき、その陰には多くの人の嘆きや悲しみがあると思うと、気が重くなる。はらわたが熱くなるような一日のはじまりである」

私自身、検事の仕事には、悪と対峙するという華々しい面と同時に、人の心に痛みを与える側面もあると心得ながら仕事をしてきたつもりです。

ところで、私は弁護士として、いくつかの会社の監査役、社外取締役なども務め、刑事事件の弁護などにも携わり、すでに述べたように特捜部と対決することもあります。まだまだ悠々自適というわけにはいきませんが、検事時代の体験を糧《かて》にして、法律家としての正義を今後も貫いていきたいと思っています。

# おわりに――〝リクルート事件・主任検事の真実〟を書き終えて……

## 日記と読書は心の糧

すでに本文中で何度も紹介しましたが、私はどんなに忙しいときでも、毎日大学ノートで日記を書いてきました。職場でも気がついたときに手帳にメモで記していました。疲れきって遅く帰宅して家に帰ったときなど、日記をつけられないときには、そのメモをコピーして貼り付けたりもしています。基本的にどんなに忙しくても、その日のうちに書き記しておきます。

こうした日記を学生時代から何十年も続けていますが、連続性があることに価値があると思います。

いまは亡き後藤田《ごとうだ》正晴元法務大臣から、東京地検特捜部長に任命された日の日記には、こう記しました。

「一九九三年七月二日　後藤田法務大臣から東京地検特捜部長を命じられる。関係部署への挨拶回りの後、午後からマスコミ会見。抱負を聞かれたので『いい材料があれば、地の底を掘り起こすような捜査をしたい』『つまり、山があれば登るということです』などと答えた」

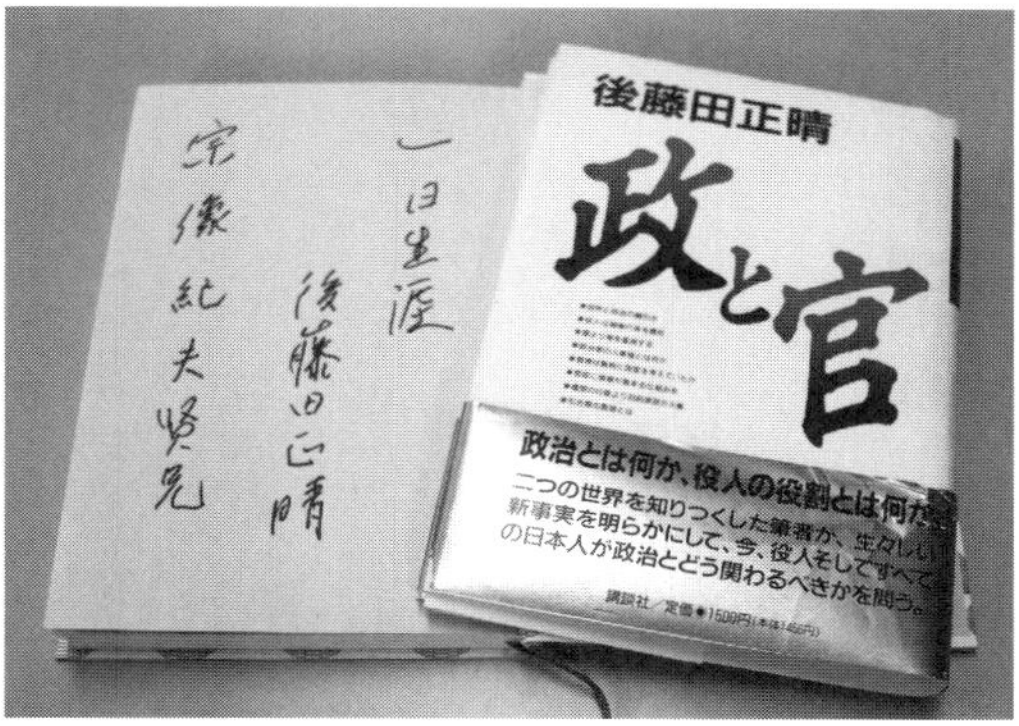

後藤田正晴元法務大臣のサインを会食同席時にいただいた

　事件の捜査に関することはもちろん、これらの日記には、日々の反省の心や、自分への勇気づけの言葉、読んだ本の中から心に残った言葉などが綴られています。誕生日がくれば感慨と新たな決意を記し、失敗をおかせば反省の言葉を書き留めます。いまを見つめ、今後の人生の指針として書きつけてきたものです。

　また、その時々の出来事を俳句や川柳にしたりしています。たとえば、経団連会長だった土光敏夫さんが亡くなった一九八八（昭和六十三）年八月四日には、

「土光氏を悼み　目刺しで　飲み交わす」

などと記したりしています。

マスコミにもてはやされた時代の寵児が経済犯罪で逮捕されたことがありましたが、そのときの日記には「貪欲は人間を破滅させる。人は自分の足元を見つめながら生きねばならないのだ。結局人間は配られたカードで生きていかなければならないし、背伸びをしてはいけないのだ」と記しています。ただし、その後、「努力することにより、配られたカードをチェンジすることもできるのだ」とも書いています
こうして、身近な仕事のこと、社会での出来事などから、自らを振り返り、自らの生きていく糧としてきたつもりです。

また、読書も私の心の糧になっています。仕事関係だけでなく、分野を限らずさまざまな本を読みます。現役の検事時代は忙しく、それほどの量は読むことはできませんでしたが、いまはほぼ一日一冊ペースで読んでいます。買うだけでなく、最近は　自宅の近所の図書館で一回で借りられる限度の十冊を借りてきて、ほぼ二週間で読んで返却しています。あとで、何を読んだかわかるように、最近は、その借りた本の背表紙が見えるように並べてスマホで写真を撮っておきます。

## 年月を経て懐かしくなる

長い間検事をしていて、本書で記したような生臭い事件のほかにも、ほのぼのとした、いくつか心に残る思い出があります。

ときどき日記を読み返して当時を想う

まだ若い駆け出し検事のころですが、日曜日にある脱税事件の取り調べをしていたときに、被疑者から「検事さん、あんた、子供は？」と聞かれたので、「小学生の子供がいます」と答えました。「えぇ？　あんた、日曜日なのに、子供と遊ばないのかい？」と問われて、私は「今日も、こうして仕事ですから」と応えたのです。すると、「えっ！　俺のために……。悪いね」「いやいや、仕事ですから」といったやり取りがあって、すると、あっさりそのあとで、自白してくれたということがありました。

また、一九九二（平成四）年のことですが、前に述べた私が若手検事のときに汚職事件で逮捕した木村守江元福島県知事が、東京地検特捜部検事になっていた私のもとを訪ねてきたことがあります。

木村氏から「俺を調べたあなたには偉くなってもらわなければ困るよ」と言われ、私は「知事さんも長生きしてくださいよ」などと応じ、昔のことを懐かしく語り合った覚えがあります。

その後、木村氏から「突然お邪魔し大変お世話になりました。いたずら書きを同封しました」という手紙と「書」を送られました。

その「書」には、「年を重ねただけで人は老いない。理想を失うときに初めて老いがくる…希望ある限り人は若く、失望とともに老い朽ちる」というアメリカの詩人サムエル・ウルマンの詩や「人生に必要なものは勇気と想像力とサムマネー」（チャップリン）といった言葉がしたためられ、「為宗像兄　木村守江書時九十三翁」とありました。当時木村氏は福島県のいわき市で社会福祉法人楽寿荘の理事長をされていました。

木村氏はその詩のように、晩年、登山やゴルフを楽しむなど、悠々自適な生活を送られたようです。一九九六年に九十六歳で亡くなられました。

またすでに述べたように、リクルート事件であれほど対決した江副浩正氏ともその後の交流はありましたし、「ダグラス・グラマン事件」で取り調べた今村雄二郎氏との邂逅《かいこう》もありました。

事件の捜査時点では対立した関係であっても、事件を離れて人間として見れば素晴らしい人はいくらでもいます。そうした出会いも、いまの私にとっては財産になっていると思います。

私にとって、何と言っても忘れがたい人は、吉永祐介氏です。吉永氏は二〇一三（平成二十五）年六月二十三日、八十一歳で亡くなりました。

吉永氏とはじめてお会いしたのは、一九七七年、吉永氏が主任検事をしたロッキード事件の翌年、福島地検から東京地検特捜部に着任したときでした。すでに述べたように、それから私はロッキード事件の公判を担当しました。

吉永氏は「特捜の鬼」と呼ばれていたので、どんなに怖い人なのだろうと思っていたのですが、小柄な普通のおじさんで、初めてお会いしたとき、「小さな事件もこつこつ捜査していると、やがて大きな事件にぶつかる。焦らずにゆっくりやりなさい」と声をかけていただきました。

自分より前の時代の特捜事件で続いた無罪判決について、当時の強引な捜査手法に批判的で、証拠の評価が非常に厳しい人でした。

私が主任検事として捜査を指揮したリクルート事件のとき、東京地検検事正だった吉永氏に「江副浩正会長の自白調書を全部見せろ」と言われたことがあります。さすがに、「現場を信じてくださいよ」と断りましたが。私が特捜部長として指揮したゼネコン事件のときには、検事総長だった吉永氏から呼ばれて、「証拠は大丈夫か」と念を押されたこともありました。それほど、証拠については厳しかったのです。吉永氏は、「特捜部の仕事は世の中のドブさらいだ」とよく話していたものです。

いまの特捜部に吉永さんの精神がどこまで生きているのか。私は生きていてほしいと願っています。

私が中央大学を退職する時、「特捜検察の光と影」と題して「最終講義」のような講演（二〇一一年七月二十日）をしたことがあります。その時、リクルート事件に関して、江副氏側の一方的な「証言本」が出たり、田原総一朗氏の『正義の罠――リクルート事件と自民党 二十年目の真実』（小学館）が、リクルート事件は「冤罪」であると決めつけていることへの反論を語りました。そして、こう述べました。

「私も許されるならば、後世の人のために歴史的な事実に資するために、いずれ、『リクルート事件・主任検事の真実』とでも題して本を書かなければいけないと思っています。世にこの事件の真実をきちっと残しておく責任があると考えるからです」

本書の刊行によって、その約束が果たせたのではないかと思っています。

二〇一九年（平成三十一年）三月

宗像紀夫

# 参考文献


- 江副浩正『改訂版　リクルート事件・江副浩正の真実』（中公新書ラクレ　二〇一〇年）
- 江川紹子編『特捜検察は必要か』（岩波書店　二〇一一年）
- 村木厚子『私は負けない』（中央公論新社　二〇一三年）
- ＮＨＫ「未解決事件」取材班『消えた21億円を追え　ロッキード事件　40年目のスクープ』（朝日新聞出版　二〇一八年）
- 佐藤栄佐久『知事抹殺』（平凡社　二〇〇九年）
- 魚住昭『特捜検察』（岩波新書　一九九七年）
- 大島真生『特捜検察は誰を逮捕したいのか』（文春新書　二〇一二年）
- 髙山正之、和田政宗『こんなメディアや政党はもういらない』（ワック　二〇一八年）
- 郷原信郎監修『講談社Ｍｏｏｋ　コーポレートコンプライアンス季刊18号　特集政治とカネと検察捜査』（講談社　二〇〇九年）
- 倉山満『検証　検察庁の近現代史』（光文社新書　二〇一八年）
- 宗像紀夫「特捜検察の光と影――36年間の検察官生活を回顧する」（中央ロー・ジャーナル　第8巻第3号所収）
- 「特捜秘録」（「週刊現代」二〇一〇年二月二十日号、二〇一〇年二月二十七日号、二〇一〇年三

月六日号、二〇一〇年三月十三日号）
・「廃止議論は見当違い、むしろ特捜部は強化せよ　宗像紀夫vs.佐藤優」（「新潮45」二〇一〇年十二月号）
・「青年将校の暴走じゃない。タガが緩んでいるだけだ　堀田力、宗像紀夫」（「中央公論」二〇一〇年十二月号）
・「検察は地の底を掘り起こせ！　宗像紀夫」（「WiLL」二〇一〇年四月号）
・「福島民報（『日曜論壇』）（二〇〇四年四月十一日〜）
・「財界ふくしま」（二〇一二年十二月号）

## 宗像紀夫略歴

- 1942年１月12日生まれ　福島県田村郡三春町出身
  福島県立安積高等学校、中央大学法学部卒業
- 1965年　司法試験合格
- 1968年　東京地検検事
- 1969年　秋田地検検事
- 1972年　東京地検検事
- 1974年　福島地検検事
  福島地方検察庁検事在職中、福島県政汚職事件で、福島県庁総務部長を逮捕・起訴、さらに当時の木村守江福島県知事を収賄の疑いで起訴。
- 1977年　東京地検検事（特捜部）
  ロッキード事件の公判担当検事を務める。ダグラス・グラマン事件、島田氏など取り調べ。
- 1980年　法務省総合研究所教官
- 1983年　東京地検検事（特捜部）
- 1984年　東京高検検事
- 1987年　東京地検特捜部副部長
  リクルート事件の主任検事を務める。
- 1992年　東京地検特別公判部長
- 1993年　東京地検特捜部長
  ゼネコン汚職事件、金丸信の脱税事件の指揮を執る。
- 1995年　大津地検検事正
- 1996年　最高検察庁検事
- 1997年　前橋地検検事正
- 1999年　最高検察庁総務部長兼刑事部長
- 2000年　最高検察庁刑事部長
- 2001年　高松高検検事長
- 2003年　名古屋高検検事長
- 2004年１月　検察庁を退官
- 2004年２月　弁護士登録（現）
- 2004年４月　中央大学大学院法務研究科教授
- 2006年２月　宗像紀夫法律事務所を開設
- 2012年３月　中央大学大学院退職。
- 2012年12月　第二次安倍内閣で内閣官房参与（現）
- 2016年６月　日本郵政株式会社　社外取締役（現）

**宗像 紀夫（むなかた・のりお）**
1942年東京生まれ。65年中央大学法学部卒業。同年司法試験合格。68年、検事に任官し、秋田、東京、福島などに勤務のあと、東京地検特捜部に配属。93年、東京地検特捜部長に就任。高松高検検事長、名古屋高検検事長などを歴任。ロッキード事件丸紅ルート、リクルート事件、ゼネコン汚職事件など多数の事件を担当した。2004年に退官し、中央大学大学院教授に就任(12年退職)。現在、弁護士、内閣官房参与。

**特捜《とくそう》は「巨悪《きょあく》」を捕《と》らえたか**
**地検特捜部長《ちけんとくそうぶちょう》の極秘《ごくひ》メモ**

2019年4月19日　初版発行

著　者　宗像　紀夫

発行者　鈴木　隆一

発行所　ワック株式会社
東京都千代田区五番町4-5　五番町コスモビル　〒102-0076
電話　03-5226-7622
http://web-wac.co.jp/

印刷人　北島　義俊
印刷製本　大日本印刷株式会社



ISBN978-4-89831-480-7